本书由
中央高校建设世界一流大学（学科）
和特色发展引导专项资金
资助

中南财经政法大学“双一流”建设文库

创 | 新 | 治 | 理 | 系 | 列 |

产品市场竞争对高管薪酬契约的治理效应研究

陈 震 著

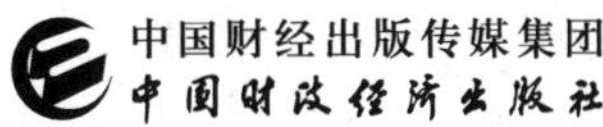

中国财经出版传媒集团
中国财政经济出版社

图书在版编目（CIP）数据

产品市场竞争对高管薪酬契约的治理效应研究 / 陈震著. -- 北京：中国财政经济出版社，2019. 12
（中南财经政法大学“双一流”建设文库. 创新治理系列）
ISBN 978 - 7 - 5095 - 9390 - 5

Ⅰ. ①产… Ⅱ. ①陈… Ⅲ. ①企业竞争 - 市场竞争 - 研究 - 中国②企业 - 管理人员 - 劳动报酬 - 研究 - 中国
Ⅳ. ①F279. 2

中国版本图书馆 CIP 数据核字（2019）第 246444 号

责任编辑：武志庆　　　　责任校对：李　丽
封面设计：陈宇琰

产品市场竞争对高管薪酬契约的治理效应研究

CHANPIN SHICHANG JINGZHENG DUI GAOGUAN XINCHOU QIYUE DE ZHILI XIAOYING YANJIU

中国财政经济出版社 出版

URL：http：//www. cfeph. cn
E - mail：cfeph @ cfemg. cn

社址：北京市海淀区阜成路甲 28 号　邮政编码：100142
营销中心电话：010 - 88191537
北京财经印刷厂印装　各地新华书店经销
787 × 1092 毫米　16 开　9 印张　150 000 字
2019 年 12 月第 1 版　2019 年 12 月北京第 1 次印刷
定价：42. 00 元
ISBN 978 - 7 - 5095 - 9390 - 5
（图书出现印装问题，本社负责调换）
本社质量投诉电话：010 - 88190744
打击盗版举报热线：010 - 88191661　QQ：2242791300

总　序

"中南财经政法大学'双一流'建设文库"是中南财经政法大学组织出版的系列学术丛书，是学校"双一流"建设的特色项目和重要学术成果的展现。

中南财经政法大学源起于1948年以邓小平为第一书记的中共中央中原局在挺进中原、解放全中国的革命烽烟中创建的中原大学。1953年，以中原大学财经学院、政法学院为基础，荟萃中南地区多所高等院校的财经、政法系科与学术精英，成立中南财经学院和中南政法学院。之后学校历经湖北大学、湖北财经专科学校、湖北财经学院、复建中南政法学院、中南财经大学的发展时期。2000年5月26日，同根同源的中南财经大学与中南政法学院合并组建"中南财经政法大学"，成为一所财经、政法"强强联合"的人文社科类高校。2005年，学校入选国家"211工程"重点建设高校；2011年，学校入选国家"985工程优势学科创新平台"项目重点建设高校；2017年，学校入选世界一流大学和一流学科（简称"双一流"）建设高校。70年来，中南财经政法大学与新中国同呼吸、共命运，奋勇投身于中华民族从自强独立走向民主富强的复兴征程，参与缔造了新中国高等财经、政法教育从创立到繁荣的学科历史。

"板凳要坐十年冷，文章不写一句空"，作为一所传承红色基因的人文社科大学，中南财经政法大学将范文澜和潘梓年等前贤们坚守的马克思主义革命学风和严谨务实的学术品格内化为学术文化基因。学校继承优良学术传统，深入推进师德师风建设，改革完善人才引育机制，营造风清气正的学术氛围，为人才辈出提供良好的学术环境。入选"双一流"建设高校，是党和国家对学校70年办学历史、办学成就和办学特色的充分认可。"中南大"人不忘初心，牢记使命，以立德树人为根本，以"中国特色、世界一流"为核心，坚持内涵发展，"双一流"建设取得显著进步：学科体系不断健全，人才体系初步成型，师资队伍不断壮大，研究水平和创新能力不断提高，现代大学治理体系不断完善，国际交流合作优化升级，综合实力和核心竞争力显著提升，为在2048年建校百年时，实现主干学科跻身世界一流学科行列的发展愿景打下了坚实根基。

“当代中国正经历着我国历史上最为广泛而深刻的社会变革，也正在进行着人类历史上最为宏大而独特的实践创新”，“这是一个需要理论而且一定能够产生理论的时代，这是一个需要思想而且一定能够产生思想的时代”①。坚持和发展中国特色社会主义，统筹推进“五位一体”总体布局和协调推进“四个全面”战略布局，实现“两个一百年”奋斗目标、实现中华民族伟大复兴的中国梦，需要构建中国特色哲学社会科学体系。市场经济就是法治经济，法学和经济学是哲学社会科学的重要支撑学科，是新时代构建中国特色哲学社会科学体系的着力点、着重点。法学与经济学交叉融合成为哲学社会科学创新发展的重要动力，也为塑造中国学术自主性提供了重大机遇。学校坚持财经政法融通的办学定位和学科学术发展战略，“双一流”建设以来，以“法与经济学科群”为引领，以构建中国特色法学和经济学学科、学术、话语体系为己任，立足新时代中国特色社会主义伟大实践，发掘中国传统经济思想、法律文化智慧，提炼中国经济发展与法治实践经验，推动马克思主义法学和经济学中国化、现代化、国际化，产出了一批高质量的研究成果，“中南财经政法大学‘双一流’建设文库”即为其中部分学术成果的展现。

文库首批遴选、出版二百余册专著，以区域发展、长江经济带、“一带一路”、创新治理、中国经济发展、贸易冲突、全球治理、数字经济、文化传承、生态文明等十个主题系列呈现，通过问题导向、概念共享，探寻中华文明生生不息的内在复杂性与合理性，阐释新时代中国经济、法治成就与自信，展望人类命运共同体构建过程中所呈现的新生态体系，为解决全球经济、法治问题提供创新性思路和方案，进一步促进财经政法融合发展、范式更新。本文库的著者有德高望重的学科开拓者、奠基人，有风华正茂的学术带头人和领军人物，亦有崭露头角的青年一代，老中青学者秉持家国情怀，述学立论、建言献策，彰显“中南大”经世济民的学术底蕴和薪火相传的人才体系。放眼未来、走向世界，我们以习近平新时代中国特色社会主义思想为指导，砥砺前行，凝心聚

① 习近平：《在哲学社会科学工作座谈会上的讲话》，2016年5月17日。

力推进“双一流”加快建设、特色建设、高质量建设，开创“中南学派”，以中国理论、中国实践引领法学和经济学研究的国际前沿，为世界经济发展、法治建设做出卓越贡献。为此，我们将积极回应社会发展出现的新问题、新趋势，不断推出新的主题系列，以增强文库的开放性和丰富性。

“中南财经政法大学‘双一流’建设文库”的出版工作是一个系统工程，它的推进得到相关学院和出版单位的鼎力支持，学者们精益求精、数易其稿，付出极大辛劳。在此，我们向所有作者以及参与编纂工作的同志们致以诚挚的谢意！

因时间所囿，不妥之处还恳请广大读者和同行包涵、指正！

中南财经政法大学校长

目录

第一章　绪　　论

第一节　选题背景与研究意义

一、选题背景

（一）高管薪酬激励的必要性

在21世纪的当下，人力资本作为企业中最特殊的一种资源，起着越来越重要的作用。在众多的人力资本中，拥有丰富专业知识和管理技能的企业高级管理人员更为重要，他们的认知与决策往往决定了企业的经营管理效率，也决定着企业未来发展的方向。正确认识到高管人员在企业发展中的重要作用，并建立起一套行之有效的激励机制，对于激发高管的主观能动性，降低企业的代理成本有着极其重要的作用。

企业所有权和控制权相分离是现代企业的重要特征，作为所有者的股东与作为代理人的高管，他们的利益目标和风险函数都不一致，由此产生了两者之间的委托—代理矛盾。股东重视股东财富的最大化和股价的上升，高管则更关注个人收入、在职消费、闲暇休息等。高管在实际经营企业的活动中，可能实施一些对自己有利，但会损害股东利益的经营决策。再加之双方的信息不对称，高管的行为难以被股东所观察，因此设计出一套有效的高管激励契约，就成为解决委托—代理问题的可行方法。根据经典的委托—代理理论，高管激励契约设立的目的在于缓解企业股东与高管之间的委托—代理矛盾，一致化委托人和代理人之间的利益目标，使得高管在追求个人利益最大化时，实现股东利益的最大化。

企业高管追求的个人利益，既包括货币性收入，也包括非货币性收入。本书的研究主要是针对高管的货币性薪酬收入，主要有以下两方面的理由。一方面，在当前我国企业的高管收入中，虽然非货币性收入扮演着一定的角色，并且还存在不合理的货币收入，它们会对高管的努力程度和方向产生着一定的影响与干扰。但是，必须清醒的认识到薪酬在高管收入中起着越来越重要的作用，非货币性收入和不合理的货币收入正在受到越来越多地质疑和约束。规范和强化薪酬对高管的激励和约束作用，减少非货币收入与不合理的货币收入对整个收入体系的影响，也已经被更多人所认可与重视。另一方面，本书实证研究所需要的数据，全部来自于我国上市公司在年度报告中公开披露的薪酬资料。在中国证券监督委员会等监管机构不断的推动下，上市公司披露的高管薪酬数据所包含的内容越来越清晰和全面，例如，2016 年 12 月 9 日，中国证券监督委员会颁布《公开发行证券的公司信息披露内容与格式准则第 2 号——年度报告的内容与格式（2016 年修订）》。新修订的准则要求，上市公司应当披露董事、监事和高级管理人员报酬的决策程序、报酬确定依据以及实际支付情况。披露每一位现任及报告期内离任董事、监事和高级管理人员在报告期内从公司获得的税前报酬总额（包括基本工资、奖金、津贴、补贴、职工福利费和各项保险费、公积金、年金以及以其他形式从公司获得的报酬）及其全体合计金额，并说明是否在公司关联方获取报酬。这些不断完善的高管薪酬信息，使得针对上市公司高管薪酬的研究具有可行性，所得结果具有可靠性。

（二）高管薪酬激励的有效性

高管薪酬契约设计的是否合理和薪酬激励机制的是否有效，不但直接影响着企业高管的激励效果和企业经营效率，还影响着企业的财务成本和企业内外部的收入公平与正义。

近些年来，“天价”薪酬事件频频发生，引发了社会大众的广泛关注。2008 年初中国平安保险（集团）股份有限公司公布的 2007 年度公司财务报告显示，公司董事长兼首席执行官马明哲的年度税前报酬总额是 6616.1 万元人民币，相当于一个普通城镇居民收入的 4000 多倍。消息一出，一片哗然，中国平安的高管薪酬问题成为讨论的焦点。出于分配的公平性与合理性，之后多年政府部门持续实施了政策调整和舆论引导，然而实际效果并不理想。

2018 年上半年公布的梅雁吉祥 2017 年度高管薪酬显示，公司全部 23 名董事、监事、高管 2017 年度的薪酬金额相当于梅雁吉祥全年主营业务净利润额的 1.75 倍，与此同时，2017 年梅雁吉祥营业收入相比于 2016 年下降 33.05%，

2017 年梅雁吉祥扣除非经常性损益后的净利润相比于 2016 年下降 88.17%。2018 年 3 月，烟台中睿通过增持梅雁吉祥股份，成为上市公司第一大股东。2018 年 4 月，新入住的公司大股东烟台中睿提请增加《关于调整公司非独立董事、监事薪酬标准的议案》，并在提案中直言目前上市公司的薪酬体系完全脱离了公司业务发展实际，没有与公司业绩挂钩。但 2018 年 4 月 21 日，梅雁吉祥发布了关于董事会不予提交股东新增临时提案的公告，梅雁吉祥 9 名董事一致反对中睿公司提交的降低他们薪酬的议案。理论上，公司高管获得高薪是基于为公司业绩做出贡献的基础上，但梅雁吉祥的高管薪酬却与公司主营业务收入关系不大，甚至薪酬超过全年主营业务净利润额，这种薪酬契约的合理性与有效性值得怀疑。因此，本书立足于我国上市公司高管薪酬的具体数据，研究高管的薪酬激励问题，对于缓解委托—代理矛盾，降低代理成本，有着重要的实践价值。

（三）公司治理与高管薪酬激励

高管薪酬激励契约设计的是否合理、执行的是否有效，会受到公司内部治理因素的影响。企业内部的治理水平决定着高管薪酬契约的制定与执行效率。从法律意义上说，股东作为委托人拥有法律赋予他们对公司的控制权和索取权，但在实际操作中，由于现代企业较为分散的股权结构特点和股东个人的成本效益选择，全体股东无法共同参与权力的行使。通行的做法是，股东通过股东大会的形式保留对董事会成员的选择权和重大事项的终极决策权，而将其他剩余控制权委托给董事会。由于有限理性、交易费用、信息不对称、契约非完备等原因，企业的高级管理者作为公司的最终代理人，不但行使管理者的权利，甚至还拥有股东才拥有的企业特定控制权力，此时作为理性“经济人”的高管就有可能去影响和干预自我薪酬的制定。

高管影响和干预薪酬契约制定的行为，与公司治理的完善程度密切相关。良好的公司治理能够抑制高管利用手中权力实施自利的行为，较差的治理水平将会加剧高管自利，甚至导致高管自定薪酬。大量研究发现，高管手中的权力大小取决于董事会结构和企业所有权结构的具体形态（Bebchuk and Fried，2002；Core，Holthausen and Larcker，1999）。如果董事会独立性越弱，高管的权力就越大，高管薪酬就越高（Boyd，1994）；公司间互派董事结成关系网，将导致管理层薪酬制定的不独立和不公正（Hallock，1997）。我国企业总经理兼任董事长的情况依旧存在，自己参与制定自己薪酬的情况时有发生。在较差的公司治理背景下，高管权力将不可避免地影响薪酬契约的制定与效率。

产品市场竞争作为企业重要的外部治理机制，可以通过信息的比较来实现对高管薪酬契约的治理效应。通过竞争可以传递出更为准确的高管行为与经营绩效信息，降低了股东与高管之间的信息不对称。产品市场上竞争的企业越多，竞争程度越大，这种信息不对称的程度就会越低，从而有助于实现对高管的努力与能力的甄别。简而言之，行业的竞争程度有助于降低企业信息的不对称程度，提高企业业绩所包含的高管能力与努力的信息含量，通过这种途径，产品市场竞争对高管薪酬契约的制定和执行发挥出积极作用。

二、理论意义与现实意义

（一）研究的理论与文献意义

1. 薪酬契约的设计是为了缓解委托—代理矛盾，但其并不必然解决代理问题，薪酬的制定与执行机制可能使其成为代理问题的一部分。本书从薪酬差距的成因入手，将高管层内部薪酬分解成权力相关薪酬差距和权力无关薪酬差距，并分析两种不同性质的薪酬差距所产生的经济后果，这样的分析路径有助于提高企业高管薪酬契约的激励效果。同时，理论界对如何降低高管薪酬差距，实现收入的公平效率，以及政府是否有必要实施行政干预存在争议，本书将薪酬差距的性质引入到研究中，为解决公司高管的薪酬问题提供一个理论视角。

2. 关于薪酬差距经济后果的现有文献，得出了不一致的研究结论。其中一种可能的解释是，已有文献在研究薪酬差距时，没有区分薪酬差距的不同成因。忽视薪酬差距的成因及其经济后果，会使得相关研究结论出现偏差。本书从管理层权力和能力两个影响因素出发进行研究，区分不同性质薪酬差距对公司绩效的影响，有助于对薪酬差距的激励效果做出更为合理的理论解释，这不但体现当前国有企业内部分配的现实特征，还将推进学术界对高管激励的研究。

3. 本书将产品市场竞争理论引入高管薪酬激励理论的研究中来，考察产品市场竞争程度的变化，会对高管薪酬激励契约的有效性产生怎样的影响。本书的研究，既能体现当前我国公司高管薪酬契约激励的现实特征，又将实现产品市场竞争在激励理论领域上的拓展。

（二）研究的实践意义

1. 宏观层面。近十年来，我国政府部门为实现社会整体的公平与正义，针对公司高管过高的薪酬和过大的薪酬差距，出台了一系列的薪酬管制措施，实施了直接的行政干预。但公司内部的薪酬问题是经过公司职能部门制定和批准的，直接介入公司内部分配的角色错位，易使政府部门暴露在法律风险之中。同时，公司高管薪酬契约的设立是为了提高高管工作的积极性，降低公司代理成本，提高经营管理效率。政府部门的直接干预，有可能会降低高管的工作积极性和管理效率。

本书将管理层权力引入研究中，并从公司外部治理机制的角度出发，发现提高产品市场竞争强度，有利于降低管理层权力对薪酬契约的不利影响。因此，从管理层权力入手，不但可以降低不合理的薪酬和薪酬差距，还可以降低企业的薪酬成本，提高企业的经营效率。本书的研究可以从强化产品市场竞争对薪酬契约治理效应的角度出发，为政府部门降低高管过高薪酬和过大薪酬差距提供一个可行的视角。

2. 微观层面。公司对高管进行薪酬激励的初衷是为了降低代理成本，提高经营管理效率，但管理层权力的存在，使得高管的高薪成为代理问题的一部分。本书的研究发现，在制订薪酬契约时，管理层权力的滥用通常会导致业绩对薪酬的影响程度下降，与权力相关的薪酬差距上升。因此，公司股东既可以从业绩和规模这两个方面直接去关注高管薪酬契约的制定，有意识地提升业绩因素与薪酬之间的关联性，降低规模因素对高管薪酬的影响。同时，股东还可以间接地从内部治理出发，重视内部治理与高管契约的关系，完善公司的内部治理，抑制高管利用手中的权力对薪酬契约的操纵。通过完善公司治理，不但可以抑制高管权力对薪酬契约的负面影响，还可以提高高管能力对薪酬契约的正面影响，进而提高高管薪酬契约的激励效应，这对于企业而言，具有重要的实践指导意义。

第二节 研究思路与主要内容

一、研究思路

本书的研究思路如下：第一，阐述了高管薪酬激励的必要性，并对当前我国上市公司高管薪酬激励的有效性进行举例分析。论述了公司治理与高管薪酬激励的关系，强调作为外部治理机制的产品市场竞争对高管薪酬的治理作用，是优化高管薪酬激励的一条有效路径。同时，本书界定了研究的相关概念，尤其是对高管薪酬维度进行分析，引出薪酬水平和薪酬差距这两个高管薪酬的研究视角。

第二，本书分三个层次对研究的相关理论进行了概述。第一个层次是，从代理理论和管理层权力理论出发，阐述了这两个理论与高管薪酬契约制定之间的关系。第二个层次是，从锦标赛理论和行为理论出发，阐述了这两个理论与高管层内部薪酬差距之间的关系。第三个层次是，从产品市场竞争理论出发，阐述了产品市场竞争理论对高管薪酬契约的治理效应。

第三，在回顾我国企业员工收入制度改革历程的基础上，利用我国上市公司数据，对上市公司高管薪酬现状和高管层内部薪酬差距进行描述性统计，并阐述了高管薪酬与影响因素之间的关系，为之后的实证分析做好铺垫。

第四，从薪酬水平和薪酬差距两个视角出发，规范分析产品市场竞争对薪酬水平和薪酬差距的治理作用，并利用我国上市公司公开披露的数据，实证检验产品市场竞争对薪酬水平和薪酬差距的治理效应。

第五，依据前面的规范与实证分析结果，针对当前我国企业高管的薪酬激励问题，分别从宏观政策、中观行业和微观企业三个层面，提出有现实指导价值的建议和对策。

二、主要内容

第一章是绪论，主要介绍了本书研究的背景与选题的意义，介绍了本书的研究思路与主要内容，并对高管人员、薪酬水平、薪酬差距等主要研究对象进行定义。

第二章分三个层次对研究的相关理论进行了概述，具体包括与高管薪酬契约相关的代理理论和管理层权力理论；与高管层内部薪酬差距相关的锦标赛理论和行为理论；以及外部治理机制的产品市场竞争理论。

第三章在回顾我国企业员工收入制度改革历程的基础上，利用我国上市公司数据，对 2011—2018 年上市公司高管薪酬现状和高管层内部薪酬差距进行描述性统计，并着重分析了企业业绩、企业规模、企业所处行业与薪酬之间的关系，为之后第四章和第五章的实证研究提供数据分析的基础。

第四章在详细阐述业绩和规模两个因素在高管薪酬契约中存在的必要性后，对高管的薪酬——业绩敏感性和薪酬——规模敏感性相关文献进行综述。并对产品市场竞争与高管薪酬敏感性的关系进行规范性分析，在此基础上提出相应的研究假设，再利用我国上市公司数据，实证检验产品市场竞争对两类不同敏感性的治理效应。本章还将企业性质引入研究中，对比分析国有企业高管与非国有企业高管的激励机制，并实证检验在不同性质的企业中，产品市场竞争对两类薪酬敏感性的治理效应。

第五章基于高管层内部薪酬差距的成因，提取出管理者权力这一关键变量，并讨论其对薪酬差距的影响。在此基础上，将薪酬差距细分为权力相关薪酬差距和权力无关薪酬差距，分别研究两种不同性质的薪酬差距与企业业绩的关系。再进一步引入产品市场竞争这一外部治理变量，实证检验产品市场竞争对不同性质薪酬差距的治理作用，以及由此所产生的经济后果。

第六章依据前面各章的规范分析与实证结果，从宏观政策、中观行业与微观企业三个视角，提出推进企业内外部治理制度的建设、建立完善的职业经理人市场、强化对薪酬差距异常企业的监管、有意识的限制高管权力相关薪酬差距等有实践意义的建议与对策。

第三节 相关概念的界定

一、高层管理人员

企业高层管理人员简称企业高管，是指企业内部具有经营决策权，直接对企业经营活动和经营效益负责的高级管理人员，他们是委托—代理关系中的高级代理人。从概念上来说，高管可解释为对整个组织的管理负有全面责任的人，他们的主要职责是制定组织的总目标、总战略，掌握组织的大政方针，并拥有企业活动的决策权利，如企业生产、投资方向、人事安排等权利，还拥有企业的各种内部信息。

国外文献对于高管团队的定义有狭义和广义之分。狭义上，认为企业高管团队由总裁级别的、数量相对较少且最具有影响力的几位管理者构成。Mehran（1995）则是按照高管的薪酬数量的排名来确定，并将薪酬排名在前五位的高管作为高管团队成员。而广义上，部分文献将高层管理人员界定为董事会主席、副主席、首席执行官（CEO）、首席运营官、总裁、资深副总裁和执行副总裁等（Carpenter and Sanders，2002）。Siegel 和 Hambrick（2005）则是从公司战略的制定者和战略的实施者的角度，将管理者进行分层，并认为 CEO 是公司战略的制定者和战略的实施者，属于第一层，并将第一层次的 CEO 界定为高管层。而将首席运营官、财务总监以及部门总裁等定为第二层，其他经理为第三层。总之，国外文献倾向于将 CEO 作为高管团队的核心，在 CEO 的领导下对公司经营管理和业绩负有重要责任的人认定为公司高管。

在我国，对于高管的定义在制度规则上与学术界内都未得到完全统一。从制度规则层面上看，《关联方交易》会计准则中将核心管理人员界定为董事长、董事、总经理、总会计师、财务总监、主管各项事务的副总经理。《国务院关于股份有限公司境外募集股份及上市的特别规定》界定高级管理人员为董事、监事、经理、财务负责人、董事会秘书和章程规定之其他高级管理人员。2005 年 12 月 27 日中国证监会发布的《上市公司高级管理人员培训工作指引》的第三条明确指出，本指引适用于中国证监会组织实施的上市公司高级管理人员的岗位培训。培训对象包括：上市公司董事长、董事、监事、独立董事、总经理、财务总监、董事会秘书。在 2006 年开始实施的公司法中增加了第 217 条，并对公司高级管理人员的概念进行了明确的定义，规定高级管理人员是指公司的经理、副经理、财务负责人、上市公司董事会秘书和公司章程规定的其他人员。

从国内学术研究层面上看，按照高管所包含的人员范围的宽窄，把企业高管的界定划分为以下四种形式。（1）仅仅将高管界定为公司的董事长。极少数的研究从高管承担的责任出发，认为董事长承担的违规责任通常大于其他人员，所以将高级管理人员仅局限为董事长（李增泉、杨春艳，2003）。（2）朱红军（2002）；谌新民、刘善敏（2003）等人认为，与其他管理人员相比，董事长和总经理在企业经营管理中起着相同的重要作用，因此将董事长和总经理界定为高级管理人员。（3）还有部分针对国有企业的研究发现，很多上市公司由国有企业改制而来，上市公司的董事长和总经理可能只是行政指派挂职，实际上并不承担公司日常管理工作，因此，他们认为应该按照上市公司年报中披露的薪酬数量来确定高管人员，并将薪酬最高的管理者界定为公司高管（李琦，2003；林浚清、黄祖辉、孙永祥，2003；孙世敏、赵希南、朱久霞，2006）。（4）最后一种形式界定的高管范围最广，魏刚（2000）；谢德仁（2004）；陆正飞、王雄元、张鹏（2012）等人对高级管理人员的职责不进行区分，将企业处于高层的管理人员都纳入进来，研究对象包括企业董事会成员、总经理、总裁、副总经理、副总裁、财务总监、总工程师、总经济师、总农艺师、董事会秘书和监事会成员。

对已有文献的归纳发现，后两种界定高管的形式在文献中运用最多。因此，本书在研究中，也采用后两种形式。其中，采用第四种形式来界定企业高级管理人员，将高管界定为董事会成员、总经理、总裁、副总经理、副总裁、财务总监、总工程师、总经济师、总农艺师、董事会秘书和监事会成员。这个观点与谢德仁（2004）、陆正飞、王雄元、张鹏（2012）对我国上市公司高管人员的定义是一致的。同时，在本书针对高管层内部薪酬差距的研究中，还要区分核心高管与非核心高管，本书采取第三种形式，即按照上市公司披露的年报中高管薪酬数量的多少来界定核心高管与非核心高管。在我国上市公司中，对重要决策起决定作用的可能是总经理也可能是董事长。在无法准确界定每家上市公司高管的具体权力与作用的情况下，本书依据谁在企业中拥有的权力最大、对企业贡献最多，谁的薪酬水平相对就高的原则，取上市公司年报中披露的前三个最高薪酬对应的高管为核心高管，本书还将非核心高管定义为剔除核心高管人员之外的其他高管，这与 Mehran（1995）通过薪酬排名的高低来选择高管的方法相似。

二、薪酬水平

（一）薪酬水平的范围

高管薪酬水平的范围是指纳入高管薪酬计算中的内容。理论上，高管薪酬是高管在付出个人劳动后获得的所有物质的与非物质的补偿。非物质补偿主要包括获得的荣誉、表扬等精神层面的激励。不同人在不同的阶段，对精神层面的补偿感受不同。例如，部分高管在已拥有大量物资财富后，更愿意获得高的政治身份和知名度，此时精神层面的补偿对他们的激励效果要高于其他高管。还有部分高管更在意在国有企业中的政治身份和行政级别，他们宁愿接受比较低的国企薪酬收入，而为了获得国企的升迁机会（陈震、丁忠明，2010）[①]。但由于对非物质激励的度量存在困难，并且即使是相同的精神激励，对于不同的高管也会产生不同的激励效果，因此，考虑到数据的可得性和可靠性，本书没有将非物质激励纳入研究中，仅针对物资补偿进行研究。物质补偿主要包括薪酬收入、获得的服务等。如果简单地按照时间划分，可以将物质补偿分为近期收入和远期收入，近期收入包括企业当年为高管支付的工资、奖金、保险、福利费、各种津贴和补贴；远期收入主要包括授予给高管的股票期权，限制性股票等。

在我国，虽然我国证监会已正式批准上市公司实施股权激励，但至今为止，使用股票期权作为员工激励的公司并不占多数，很多上市公司的高管仍不持有公司股票或股票期权，在持有公司股权的高管中，较大一部分高管持有的仅是少量“形式”股票。胡铭（2003）研究发现，高层经理持股是内部职工持股的一个组成部分，是一种福利制度，不能够产生有效的激励作用。周建波、孙菊生（2003）研究发现，实施股权激励的公司在实施激励前的业绩普遍较高，存在选择性偏见。公司不是为了激励高管人员而设置的股权激励，实施的股权激励更有一种“福利”的性质。总之，与国外企业相比，我国企业还没有真正、全面地将高管持股、股票期权等形式纳入高管的激励契约中。

因此，我国学者在进行薪酬界定时大都只使用货币性薪酬指标（林浚清、黄祖辉、孙永祥，2003；陈震、张鸣，2006；杜兴强、王丽华，2007；张正堂，2008）。本书对薪酬的定义不包括股票期权，仅包括在年报中披露的货币性薪酬，包含企业实际支付给职工的工资、奖金、各种津贴和补贴等，为职工支付的养老、失业等社会保险基金、补充养老保险、企业为职工支付的商业保险金、住房公积金、支付给职工的住房困难补助，以及企业支付给职工或为职工支付的福利费用等。

（二）薪酬水平的维度

高管薪酬水平可以从数量维度、风险维度和时间维度这三个方面进行分析。

1. 数量维度

数量维度强调的是高管薪酬货币化后的数量是多少。在每年上市公司公布完年度财务报告后，大量媒体针对“天价”薪酬等进行分析和讨论的对象主要

① 陈震，丁忠明（2010）利用我国上市公司公开披露的数据发现，对高管的精神激励与物质激励同样重要，并且两者之间存在着互补效应。

就是薪酬数量。

2. 风险维度

风险维度是从风险的角度来探讨高管薪酬水平的构成。高管薪酬按照是否包含风险的角度可以划分为风险薪酬和无风险薪酬，无风险薪酬一般是指高管的保底薪酬，也就是不论企业的业绩如何，高管都可以拿到的那部分收入。在高管薪酬契约中，风险薪酬的多少是与薪酬影响因素进行挂钩而存在的，可分为业绩薪酬、规模薪酬等。例如业绩薪酬就是与企业经营业绩保持紧密的关系，当企业经营业绩下滑时，业绩薪酬会随之下降；当企业经营业绩上升时，业绩薪酬就会随之增加。规模薪酬就是与企业规模保持紧密的关系，当企业规模增加时，规模薪酬会随之上升；当企业规模减少时，规模薪酬就会随之下降。

影响业绩指标和规模指标的因素不同，业绩薪酬和规模薪酬就具有不同的特征。企业业绩除了受高管努力影响外，还受到政府宏观调控、经济周期、行业景气度等外部因素的影响，业绩波动的风险较大，业绩薪酬具有较大的不稳定性。与之相比，企业规模具有较强的上升趋势，只要企业经营平稳，规模和规模薪酬就具有不断上升的刚性。当企业出现并购、再融资等行为时，规模还会在短时间内急剧增加，导致规模薪酬也快速上升。因此，作为理性的经济人，高管有将规模写进薪酬契约，并赋予其较大权重的动力。

3. 时间维度

时间维度是指企业对高管进行考核时，更多的基于企业的长期业绩还是短期业绩。企业短期业绩是指企业当期的会计业绩，如企业年度净利润、企业年度主营业务收入等。短期业绩作为衡量高管经营业绩的指标有着天然的缺陷，不但容易被高管操纵，还容易诱发高管的自利行为。高管可能为了提升当期的会计业绩，而放弃固定资产投资、人力资源培训等这些对股东有益的投资决策，因为这些投资带来的收益更多体现在企业未来业绩上，对当前的会计业绩没有帮助，甚至对当前会计业绩会带来负面影响。

在我国，企业长期业绩在薪酬契约中的使用并不广泛，根本原因在于很难找到合适的指标来评价高管的长期业绩。国外发达国家更多采取公司的股票交易价格或股价波动的区间收益率来表示，所以在以国外上市公司为研究样本的高管薪酬实证研究中，股价或股价收益率指标在研究模型中普遍存在，并且实证检验结果也多为股价或股价收益率与公司高管薪酬之间存在显著的正相关关系。相比国外发达的资本市场而言，我国资本市场发展时间较短，市场的交易者多为中小投资者，交易理念不成熟，市场监管制度不完善。这些原因导致股价波动与公司的业绩关系不大，甚至出现业绩滑坡，股价急剧上涨的现象。因此，针对我国上市公司高管薪酬的实证研究，很难得到股价或股价收益率与高管薪酬存在显著相关关系的结论。但这不表示我国上市公司不关注公司的长期业绩，我国部分上市公司明确将市场占有率、公司的新产品开发、客户满意度、员工满意度等对公司长期业绩有帮助的指标，写入高管薪酬契约中，这些指标在一定程度上可以体现出公司的长期业绩。

（三）薪酬水平的影响因素

高管薪酬水平的影响因素可以按不同视角进行划分。如从企业的内外部可以分为企业内部影响因素和企业外部影响因素。内部影响因素主要包括企业的经营业绩、企业的规模、董事会的独立性、董事长与总经理是否兼任等因素。外部因素主要包括政府的薪酬管制、企业所处的行业、企业所处的地区、同行业其他企业的薪酬状况等因素。

从特征的角度可以将薪酬的影响因素分为企业特征因素和高管特征因素。企业特征因素主要包括企业经营情况、企业所处行业、企业所处地区、企业规模、两职兼任、大股东的监督能力等公司治理情况。其中，企业经营情况还包含更多因素，如企业研发投入的数量、专利的数量、市场占有率等指标。高管特征因素主要包括高管学历、高管的工作经历、高管所处的职位和高管性别等因素。

高管薪酬影响因素的不同选择决定了薪酬水平三个维度的度量，当薪酬更多地与企业业绩挂钩时，表明企业更重视风险维度的激励；当薪酬更多地与企业研发投入数量、专利数量、市场占有率等指标挂钩时，表明企业更看重时间维度中的长期业绩激励。

三、薪酬差距

薪酬差距反映了不同个体或群体之间收入上的差异，是不同个体或群体之间薪酬水平的垂直比较。从理论上看，个体的收入应该是其劳动所得，是人力资本的回报，由年龄、性别、职位、能力和教育背景等个体因素所决定。但现实中，国家宏观政策、地区、行业等非人力资本的因素都可以影响个体间的薪酬差距。

按照不同的视角，薪酬差距可以分为宏观层面的薪酬差距、行业中观层面的薪酬差距和企业微观层面的薪酬差距。宏观层面薪酬差距主要表现为城乡之间、地区之间、行业之间的收入水平的不同，通常并不直接涉及单个企业之间的比较，它主要受国家宏观政策、地区特征、行业特征等因素的影响。行业中观层面的薪酬差距是指在同一行业内，不同企业之间的薪酬差距，它是以同行业其他企业为参照对象，属于行业内、企业外的员工薪酬比较。企业微观层面的薪酬差距是指企业内部员工之间的薪酬差距，即以企业内部员工为参照物的薪酬比较，它包括两个层面：一是高管与一般员工之间的薪酬差距；二是高管层内部的薪酬差距，是核心高管与非核心高管之间的薪酬比较。

由于宏观层面上的薪酬差距更多地涉及城乡间、地区间等的收入分配公平问题，多由政府采取行政和制度的方式进行分配，分配的原因更多地关注社会和谐与公平，与企业内部经营效率没有直接关系。本书则是站在企业的视角，从企业经营效率出发，考察怎样的高管薪酬差距能够实现较高的激励，带来较好的经营业绩。本书的研究对象是高管层内部薪酬差距，因此，判断其是否合理的主要依据是，高管薪酬契约的设计能否提高企业未来业绩。

第二章　产品市场竞争与高管薪酬契约激励的相关理论

产品市场竞争对高管薪酬契约激励效应的相关理论包括代理理论、管理层权力理论、锦标赛理论、行为理论和产品市场竞争理论。按照内涵和层次不同，可以将这些理论划分为三个部分，即代理理论与管理层权力理论为第一部分；锦标赛理论和行为理论为第二部分；产品市场竞争理论为第三部分。其中，前两个部分都是属于高管激励的相关理论，但侧重点有所区别。第一部分理论侧重于高管的薪酬水平，主要是指代理理论和管理层权力理论的出发点不同，选取的薪酬影响因素及其权重存在差异，进而形成不同的薪酬激励契约和薪酬水平。第二部分理论侧重于高管的薪酬差距，主要讨论企业应该扩大还是缩小高管层内部的薪酬差距，来实现有效的薪酬激励。第三部分理论主要阐述了产品市场竞争的内涵，以及产品市场竞争对高管薪酬契约的治理效应。

第一节　代理理论与管理层权力理论

一、代理理论

代理问题是所有企业的本质问题，它源于企业所有权和控制权的分离（Jensen and Meckling，1976；Fama and Jensen，1983）。代理理论的出现主要是解决作为委托人的公司股东与作为代理人的公司高管人员之间存在的代理问题。它基于三个假定：代理人是风险厌恶的；代理人是自利的；委托人和代理人利益目标不一致，它关注的是由于委托—代理关系存在而产生的不利后果，以及如何缓解委托人和代理人之间冲突的各种机制。代理理论研究的目标是设计一种机制或契约，能够给代理人提供有效激励和约束，使得他向有利于委托人的利益目标去努力工作。按照研究方法不同，代理理论又可细分为两个子理论：代理成本理论和委托—代理理论。

Alchian 和 Demsetz（1972）将对企业研究的重点从市场交易费用转移到解释企业内部结构的激励问题上来，提出团队生产理论。他们认为企业实质上是一种团队生产，每个人的贡献很难精确度量，这就导致成员偷懒的问题，需要监督者进行监督，那么就需要对监督者进行激励。在这期间势必要发生相关成本。Jensen 和 Mecking（1976）提出了类似于 Alchian 和 Demsetz 监督成本的代理成本概念，他们认为，当企业不是管理者个人所有时，企业就存在股东和管理者的委托—代理关系。当管理者努力时，努力成本要自己全部承担，却只能获取部分努力收益；如果管理者偷懒就可以获得全部的偷懒收益，只承担很小的偷懒成本。因此，他们就有很强的偷懒动机，这种偷懒会造成企业价值的损失。企业实际价值要小于管理者和股东同为一人时努力工作实现的企业价值，这两个价值差就是代理成本。具体来说，代理成本包括代理关系引起的各种成本，比如订约成本、监督成本、未能够对代理人实施有效控制产生的成本等。那么，如何安排企业管理者报酬契约来降低代理成本是代理成本理论最为关注的问题。在如何降低企业的代理成本上，股东至少要面临三个问题：所有者缺位导致不能对管理者实施有效监督，董事会在很多情况下难以起到应有作用；管理者拥有大量的股东没有的内部信息；以及管理者实际掌握股东赋予的资产处置权利。

从 20 世纪 70 年代起，受益于信息经济学和博弈论的突破和发展，许多经济学家在代理问题的规范和实证研究上取得巨大进步，委托—代理理论逐渐形成并发展起来。委托—代理理论主要是由 Ross（1973）、Holmstrom（1979）、Grossman 和 Hart（1986）等人开创并发展起来的，通过建立模型对代理问题进行分析求解。这些研究大都来自于对相关数学模型的分析，通过模型来解决委托—代理关系中存在的冲突问题，在委托人利益最大化前提下，一致化双方利益目标，对代理人进行激励约束。标准的委托—代理理论的所有结论都来自于正式的模型，模型由目标函数和约束函数组成，目标函数是股东利益最大化，约束函数是代理人利益最大化的激励相容约束和代理人的参与约束。对委托—代理模型求解，就可以得到委托—代理理论的一般结论。

代理成本理论和委托—代理理论都是以委托—代理关系为前提的，只不过委托—代理理论更注重从一系列模型的设计到推导、分析，求出最优解；而代理成本理论更多的是从降低成本角度出发，对代理问题进行研究。

二、管理层权力理论

管理层权力理论的产生源于经理主义。经理主义把企业看成是一个由管理者、一般员工、股东、供应商、征税人、债权人组成的联合体，在这个联合体中，各成员的目标是冲突的，企业要生存下去，这些相互冲突就必须得到协调。在这个联合体中，企业的高层管理者居于最重要地位，他们拥有企业活动的决策权利，如企业生产、投资方向、人事安排等权利，还拥有企业的各种内部信息。在现实企业中，股东实际拥有的权利要比法律赋予的权利小得多，中小股东很难有发言权，董事会通常是大股东利益的代表，但是，董事会的事务又常常受到公司高管人员的影响和干预。

经理主义源于 Berle 和 Means（1932）的开创性研究。Berle 和 Means 在 20 世纪 30 年代中观察到的“经理革命”，这种“经理革命”造就了一种“与所有权相分离的经济权势”。Lerner（1966）运用 Berle 和 Means（1932）的标准，统计了美国 1963 年最大的 200 家非金融公司的产权类型，并与 1929 年的情况加以比较，发现经理操纵的资产比率从 1929 年的 58% 上升到了 1963 年的 85%，这说明 Berle 和 Means 观察到的“经理革命”在 30 年之后已经趋于完成。在 20 世纪 50 年代以后，经理主义现象被关注，主要从经理追求自身利益的行为来进行研究，后来经理主义又被用来解释机会主义、代理成本和败德行为的成因，并相继形成三个假说，即 Baumol（1959）的销售最大化假说、Marris（1964）的成长最大化假说和 Williamson（1967）的经理效用最大化假说。在 70 年代，经理主义被引入非营利企业和组织的研究中，Nickanen（1978）构造了一个经理主义的行政机构模型，在模型中权势、地位、名声等是管理者的目标，他们在为公众提供服务要求的约束下，将目标变量最大化。

管理者在企业目标上的自由裁决权不是没有任何限制。例如，企业必须取得最低的业绩目标来满足股东可以接受的要求，要使得企业正常运行也需要进行必要投资，企业向外借贷也必须满足债权人的要求，此外，企业还要避免被敌意收购，如果这些基本约束条件被满足，经理人将追逐自身利益目标的最大化。基于具体利益目标不同和约束条件不同，形成了不同的经理主义学说，例如，Baumol 的销售最大化假说是将销售收入最大化作为目标函数，企业产值要大于一个最低产值作为约束条件。当不满足这个条件时，企业经理就有可能被撤换或者企业有极大的风险被市场接管。当企业产值大于最低要求值时，企业经理就很可能开始追逐个人目标。

经理主义在本质上强调的是经营者利益的最大化，设计出能够使经营者利益增加的薪酬契约和经营者在已有契约下采取个人利己行为的选择。当经理主义应用到高管薪酬制定上，就形成了薪酬制定的管理层权力理论。

三、管理层权力与高管薪酬契约设计

代理理论与管理层权力理论一样，都将公司管理者看作是追求自身利益最大化的经济人，但两者最大的区别在于，公司管理者在追求自身利益最大化行为时，是否损害了股东的利益。代理理论强调的是股东与管理者利益目标一致下的双赢，而管理层权力理论强调的是抛弃股东利益下的管理者利益最大化。在代理理论下，公司会通过设置有效的公司治理机制来保证委托人与代理人利益目标的一致，包括公司董事会的设置、监事会的设置、公司企业内部控制、企业外部经理人市场、控制权市场的潜在接管威胁等。而在管理层权力理论下，公司内外部的治理机制部分失效，公司高管掌握了本该由股东或董事会拥有的权力。

管理层权力的大小与高管个人能力、禀赋相关，同时又受到公司治理的约束，高管作为理性的经济人，他们有追求自身利益的动机，又有着追求自身利益的一定权力，或多或少可以在其薪酬契约的制定上施加影响，所以，针对高管薪酬契约的研究就有必要将管理者权力对薪酬契约的影响纳入研究中，这样才能够真正把握公司高管薪酬契约的形成与激励效果。

公司对高管的薪酬激励可以通过两个层面来实现：其一，针对单一高管薪酬激励契约的设计，即薪酬激励的水平问题，薪酬契约会涉及如何选择恰当的评价指标，如何确定合适的指标权重等。其二，同时考虑多个高管之间的薪酬激励问题，即薪酬激励的垂直问题，涉及两名或两名以上高管之间的薪酬差距数量、影响因素与经济后果。

第一个层面的评价指标选择与权重确定，依赖于契约当事人双方的博弈，当事人在博弈时基于的具体理论就是代理理论和管理层权力理论。代理理论强调的是在股东利益最大化的基础上，设计管理者激励契约。如选择有不同信息含量的业绩评价指标，按照不同业绩指标质量赋予恰当权重，增加薪酬中绩效薪酬所占的比例，一致化股东和高管之间的利益。管理层权力理论则强调薪酬契约的设计更有利于管理者获取个人利益，如在薪酬契约中减少绩效薪酬所占比例，降低业绩指标的权重，增加非业绩指标的权重，降低管理者薪酬风险。显然，这两种理论的出发点和所处立场完全不同，这使得对高管薪酬评价指标的选择和权重设计会出现较大的差异。

第二个层面的薪酬差距受管理层权力大小等影响因素所决定。企业的管理层权力主要是集中在核心高管手中，相对于非核心高管而言，核心高管最有能力影响企业薪酬契约的制定。具体表现为，在薪酬契约制定的过程中，核心高管利用管理层权力影响自身薪酬，从而获取高于正常收益的租金。如果将企业有限的薪酬资源看成一定时期内基本固定的蛋糕，企业核心高管通过管理层权力提高自身薪酬的同时，势必会降低其他人员薪酬，从而导致薪酬差距的扩大。那么，企业核心高管手中的管理层权力越大，核心高管与非核心高管之间的薪酬差距就会越大。同时，核心高管人员大都是经过组织内部竞争上来的，他们拥有相对较高的个人能力；并在公司最高层管理职位上积累了一定的个人权威和声望，他们运用手中的权力影响薪酬契约的制定，提高自己的薪酬，进而扩大薪酬差距。权力导致的薪酬差距具有一定的迷惑性，很容易被他人认为是核心高管个人能力所致。因此，公司股东或普通员工很难甄别出管理层权力导致的薪酬差距与能力导致的薪酬差距，这在一定程度上也会助长管理层权力在薪酬契约制定中的滥用。

第二节　锦标赛理论与行为理论

一、锦标赛理论

（一）锦标赛理论的含义

Medoff 和 Abraham（1980）发现，职位级别间的薪酬差异比同职位级别内部的薪酬差异要大得多。Murphy（1985）对 1964—1981 年 72 家制造公司的 4500 个样本进行研究发现，公司的副总裁晋升到总裁时薪酬平均增加了 20.9%的，晋升到 CEO 时薪酬平均增加了 20%—42%，相比较而言，当他们维持在同样职位时仅有 3.3%的收入增加。如果将薪酬看成是劳动者付出劳动的回报，是人力资本的价值表现。那么，单从这个角度很难对一个高管人员在晋升前后薪酬的巨大差异做出令人信服的解释。

20 世纪 80 年代，Lazear 和 Rosen（1981）率先从锦标赛理论视角，对高管晋升前后的薪酬巨变进行了解释。他们认为，晋升带来的薪酬增长是对竞赛胜利者的奖励，薪酬差距也就是企业设置的竞争获胜奖金。锦标赛理论主张的是在竞争中制定更高的获胜奖金，将员工间的薪酬差距设置得更大，鼓励员工在企业内部进行竞争，追求个人业绩。锦标赛理论认为企业内部薪酬差距与公司业绩有着正向的关系，企业可以通过尽可能多地对优秀员工进行较大的奖励，来激发企业内其他员工的工作热情和积极性，进而使企业整体业绩得以提升。

由于对企业每个高管的监控难度很大，成本较高，且监控结果不一定可靠。在这种情况下，企业几乎不可能仅仅依赖于监督去解决高管偷懒的问题，给予高管必要的激励是解决高管偷懒问题的一个可行方法。但如何设置激励机制，企业高管与计件工人之间存在差异。对于计件工人，企业可以根据其生产产品的数据给予薪酬或奖励；对于企业高管而言，其劳动成果很难在短期内、具体对象上清楚地计量出来。那么，在很难准确判断高管自身边际产出的背景下，单独将高管的边际产出作为决定其薪酬的要素变得不大可行。根据锦标赛理论，公司股东可以通过衡量不同高管的边际产出的差异，来对他们的产出做出相应的排序，进而做出晋升决策，竞争获胜者可以获得竞赛获胜奖金的补偿激励。因此，当存在委托—代理问题的情况下，相对于以高管边际贡献为依据制定的激励措施而言，简单的晋升决策机制将是有益补充且更有效率。锦标赛激励措施有三个好处，即 Lazear 和 Rosen（1981）提出的锦标赛理论模型中的三个主要论点：

第一，薪酬制定是基于经理人边际产出的排序，而不是他们具体的边际产出，基于边际产出的排序要比直接基于边际产出的准确度量来得简单，因此可以降低委托人的监控成本。

第二，锦标赛理论认为高管薪酬和企业的业绩之间不存在必然联系，公司内部员工之间的薪酬差距却会对企业绩效产生影响。该理论认为要促使经理人付出更多的努力，企业就必须设置相对较高的获胜奖金来对他们进行激励，如果较高的竞赛获胜奖金可以致使高管人员付出更大的努力，那么这些高管的努力必然会带来更大的产出及绩效。因而，锦标赛理论模型假设，在企业代理成本较高时，企业如果利用内部员工之间的相对绩效来激励这些员工，会比以他们的绝对绩效来激励员工更为有效，更高的竞赛获胜奖金即薪酬差距会给参与竞赛者带来更大的动力，他们竞赛努力的成果最终会提升所在企业的绩效。

第三，模型假设企业外部环境的不确定程度对参与竞争者付出的边际成本有影响，即竞争者付出的边际成本会因该不确定性的增大而增加。当客观的幸运指数成了决定他们竞赛能否获得成功的一个要素时，竞争者将降低他们的努力程度，让运气来决定竞赛的结果。因此，为了促使竞争者更加努力地工作来克服外部不确定环境因素的影响，从而在竞赛中获得最终的胜利，企业必须将获胜的奖金设计成一个变量，随着外部环境的不确定程度的增加而增加，以激发竞赛者继续努力工作的积极性。

总之，Lazear 和 Rosen（1981）锦标赛理论模型认为，要想促使企业的经理人努力地工作，必须通过设置较高的竞赛获胜奖金（薪酬差距）来激励他们，如果较大的获胜奖金可以使得高管人员更加努力地做好自己的工作，那么他们必然会带来更大的企业绩效。

（二）锦标赛理论成立的约束条件

现实中，锦标赛理论的成立要受到一些约束条件的影响。锦标赛理论认为，加大核心高管与其他高管之间的薪酬差距将会降低委托人对代理人的监督成本，使委托人和代理人之间的利益一致，对代理人提供强激励，最终提高公司业绩。但是，依据该理论提高薪酬差距，以实现提高公司业绩的目的，须满足一些必要的前提条件。

第一，被激励对象具备一定参与竞争的能力。如果被激励对象不具备一定的竞争能力，即使公司给予高的薪酬差距会提高被激励对象参与的积极性，但由于被激励对象自身的禀赋较差，无论如何都很难实现公司股东期望的目标，提高薪酬差距只会增加公司成本而不会带来参与竞争者的努力收益。同时，当被激励者发现自己的禀赋较差而无法在竞争中获胜时，可能会主动放弃，甚至会抱怨激励体系导致的不公平而消极工作。因此，如何选择合适的竞争者参与竞争是锦标赛理论得以成立的条件之一。

第二，组织团队对合作的需求程度。当存在联合作业以及任务间存在合作时，监控尤其困难，传统的业绩考核方法常常难以奏效。这是由于在团队生产中，团队成员具有较强的互补性，团队的产出是团队成员共同努力的结果。而合作的程度越高，团队成员之间的互补性越高，此时要确定个人的产出水平就越困难。这种团队生产的信息不对称现象，使得团队成员的努力水平不可观测，个人业绩常常无法被准确度量，对个人产出的监督困难导致了“搭便车”的问题。而锦标赛中按照业绩排名进行奖励的方式可以在一定程度上缓解信息不对称带来的问题，这是因为锦标赛竞争中按照业绩排名的相对判断比绝对判断所要求的信息要少。尽管在对下属的考核中要确定某位员工的评分会有一定的难度，但是要判断他是否比另一位员工更具生产效率则会相对简单。

需要注意的是，当团队对合作的需求程度较高，团队成员具有较强的互补性时，过度依赖锦标赛理论来解决问题又会带来新的难题。如较高的薪酬差距可能会产生组织政治学问题，参与竞争的员工拒绝必要合作或在合作中故意设置障碍等，来降低竞争对手的成绩。部分竞争者认为自己在合作工作中的重要性没有被充分重视与补偿，而产生不公平感，导致他们放弃努力。

第三，扩大薪酬差距带来的增量收益与增量成本之间的关系。薪酬差距的扩大会增加公司的薪酬成本，但也会为公司带来增量收益，即竞争者因为薪酬差距的扩大而提高工作的努力程度，为公司带来的增量收益。但每个竞争者的禀赋是有限的，最大化努力带来的收益也是有限的，站在公司视角来看，判断锦标赛理论是否能够提高公司绩效，需要考虑到扩大薪酬差距带来的增量收益与增量成本的关系，应以扩大薪酬差距导致的边际成本与边际收益相等为上限。

二、行为理论

与锦标赛理论相对立的一种理论是行为理论。行为理论强调的是更少的竞争奖金和更小的薪酬差距，薪酬分配更趋于平均，鼓励高管人员之间进行更多合作，追求企业业绩。

行为理论中有三个分支对薪酬差距进行了解释：相对剥削理论、组织政治学理论以及分配偏好理论。其中，相对剥削理论和组织政治学理论是后摄性的，它们强调的是在某一薪酬差距水平下个体的反应，研究的主要是薪酬差距对业绩的影响。而行为理论中的分配偏好理论是前摄性的，更加强调制定薪酬差距之前会对薪酬差距产生影响的因素。

（一）相对剥削理论

相对剥削理论认为，在同一组织或企业中每个员工在关注自己薪酬的同时，也会关心自己相对于企业内其他员工的薪酬差距，会将自己的薪酬与其他员工的薪酬进行比较，如果比较之后觉得自己的付出没有得到应有的薪酬，就会觉得自己相对别人被剥削了，可能会出现怠工、罢工甚至更为严重的消极行为，也会出现雇员认为组织目标与己无关，漠视组织目标的现象，进而导致企业凝聚力下降，企业绩效下滑。而且，衡量一个组织内部员工间薪酬的差距较为简单，但是要衡量员工间能力的差别却很困难，相比较于自己付出的东西，员工更容易和更乐于判断他们得到的回报。因此，即便员工之间薪酬差距的形成是由于生产率的差异，也会使得员工产生不满情绪。

（二）组织政治学理论

组织政治学理论指出，参与竞争的企业成员在激励中主要会面临以下三个方面的选择：（1）选择自身的总体努力程度；（2）选择将自身的努力在个人利益与团队利益之间进行分配；（3）选择自身行使的政治行为。成员之间的薪酬差距会对行为主体的每一项选择产生影响，不排除员工运用政治手段来增加对个人有益，但却可能有害于团队的行为，而薪酬差距越大，对这种行为的激励作用就越大。因此，Milgrom 和 Roberts（1988）研究认为，在团队协作越来越重要的时候，在晋升过程中出现的竞争和耍弄政治手段的行为，对于合作产生破坏的负面作用超过了团队成员付出更大努力所产生的收益，因而为促进有效的团队协作，就应该在员工之间设置相对较小的薪酬差距。

（三）分配偏好理论

分配偏好理论认为，企业应该在劳资双方相互之间的博弈中决定个体的薪酬，在下列情况下，即便个体绩效之间有显著的不同，也应当在员工之间制定相对平均的薪酬：（1）在社会稳定与和谐很重要的时候；（2）在难以衡量个人的边际产出的时候；（3）当团队内各成员之间发生的竞争，导致成员在团队协作中耍弄政治手段的时候；（4）在团队协作很重要的时候。因此，企业在设置薪酬时，应当以“不会导致薪酬获得者滋生不满”为基础，因为这种“滋生的不满”会给制定薪酬的人带来异常消极的负面影响，即薪酬制定者必须承受压力，例如来自对薪酬不满意的员工的指责，而这势必会影响到薪酬制定者的声誉和权威，从而会对公司业绩产生负面的影响。

行为理论更重视公平和合作的重要性，认为在企业内部员工之间设置较小甚至均等的薪酬差距可以使员工的公平感得到提高，利于组织内部的团队协作，降低员工通过政治手段来破坏其竞争对手业绩的可能性。薪酬差距越小，就越能够将企业内部的各种力量凝聚到一起，也越能提升员工的满意度。而薪酬差距过大容易使员工滋生不满的情绪，会对企业的业绩产生消极的影响。总之，行为理论强调企业应该制定较少的竞赛获胜奖金，并设置较小的员工薪酬差距，使员工享有更加均等的薪酬，鼓励员工之间开展更多的合作，最终实现组织业绩的提升。

第三节　产品市场竞争理论

一、产品市场竞争的含义

产品市场竞争的基本含义是指市场上存在两家及两家以上的企业，他们生产出性能、用途等相似的产品，产品之间具有较强的可替代性，各个企业为获得更多的客户和市场而进行的市场竞争决策和行为。产品市场竞争的成立依赖于四个基本条件：一是存在一个共同市场，企业在这个市场上销售自己的产品和劳务；二是至少存在两个或两个以上的竞争企业，以及若干个购买竞争企业产品的消费者或下游生产商；三是竞争企业之间的产品具有一定程度的可替代性；四是竞争企业之间不存在一个组织契约或内部合约来有计划地安排生产和销售，企业有自主的定价权力。

市场经济的发展是以充分竞争为运行基础的，通过降低行业进入壁垒，降低企业流动的成本，制定完善的竞争制度，使得竞争效率得到提高。市场通过竞争迫使在竞争中处于劣势的企业压缩产能，约束和淘汰竞争失败企业。当行业处于充分竞争阶段时，市场中生存下来的企业有着较为一致的成本和利润水平，企业之间利润水平的差异更多地与企业内部经营管理的效率相关。

二、产品市场竞争理论的治理效应

委托—代理问题是现代企业的最大问题，企业所有者将企业委托给管理者来经营，但由于两者之间的利益目标不一致、风险偏好也不一致，企业管理者有动机去实施一些对自己有利，但对企业所有者不利的行为。同时，由于信息不对称的原因，企业所有者不可能识别管理者每个经营管理决策的根本目的，这使得管理者的自利行为成为可能。产品市场竞争作为企业外部的一种机制，能够从完善信息、传递信号和清算威胁等方面对企业管理者的自利行为给予约束。

从20世纪80年代起，国内外的研究者对产品市场竞争的治理机制进行了全面研究，并提出信息传递假说、清算威胁假说、声誉激励假说等理论假说。

1. 信息传递假说。信息传递假说认为，产品市场竞争之所以能够作为一种外部治理机制，是因为其能够以较低的成本传递有关高管行为和努力的信息。

Holmstrom（1982）提出，高管在经理人市场上的相互竞争是获取有关高管行为和努力程度相关信息的最佳方式。当行业内企业高管面临共同的不确定性因素时，采取相对业绩指标对高管进行绩效评价，就能排除那些共同的不确定性因素的干扰，从而客观、准确地反映高管的能力水平和努力程度。Meyer（1995）也认为，企业高管个人能力和努力程度是无法直接观察的，只能通过市场所传递的企业业绩信息来衡量。当行业内企业数量较多、产品市场竞争程度较高时，该行业内的企业业绩会受到共同的外部市场因素的影响。此时，如果将行业内的各企业业绩加以比较，就能消除业绩信息中所包含的外部市场共同影响因素，从而较为准确地识别出高管的个人能力和努力程度的有关信息。当市场中竞争企业的数量增加时，企业管理者的业绩越具有可靠性，因为市场竞争有很好的标尺作用，能够通过业绩比较，提供业绩是否优劣的信息，从而在一定程度上降低信息的不对称性。总之，由于信息不对称，股东难以直接获取关于企业高管行为的信息，但当企业所处行业产品市场竞争较为充分时，股东可以通过比较同行业企业高管的绩效，掌握更多高管能力和努力的相关信息，降低股东和高管之间的信息不对称程度。

2. 清算威胁假说。清算威胁假说认为，产品市场竞争可以通过增加企业破产的风险来实现对企业经营者的约束。与非充分竞争市场相比，充分竞争的市场环境可以迫使经营不善的企业被兼并或破产清算，该企业的经营者会因此失业，为了避免失业企业经营者会更加努力工作。同时，当企业经营不善时，还会传递出有损经营者声誉的信息。

Grossman 和 Hart（1983）认为，激烈的产品市场竞争会增加企业的破产可能性，同时也会影响对高管的激励。当企业面临破产威胁时，高管会加倍努力工作以降低破产可能性。Schmidt（1997）指出，产品市场竞争的直接后果是使行业内平均利润下降，为了避免企业在激烈的市场竞争中被破产清算，企业高管必须付出更多的努力投入到经营管理中。当外部产品市场竞争激烈时，企业面临的竞争压力会促使高管提升管理水平，推动企业创新，提高企业经营效率，降低生产成本，使得企业获得竞争优势。如果企业高管不进行高效投资，企业就会丧失竞争优势，业绩下滑，甚至面临破产清算的威胁。因此，当外部产品市场竞争程度激烈时，为了保证自己不被经理人市场中其他潜在管理者所替代，高管就有动机和压力去努力工作为企业赢得竞争优势。

3. 声誉激励假说。声誉激励假说认为，当信息不对称时，经营者良好的声誉有助于经营者获得持续、稳定的长期收益。因为声誉机制的存在可以为交易双方节约大量的试错成本，当交易对象固定时，存在重复博弈过程，博弈当事人通过选择合作来获得声誉，使得博弈维持下去。当交易对象不固定时，声誉就成为公共信息，博弈当事人会通过积极行为建立声誉。虽然，声誉激励有精神激励的属性，但好的声誉激励还可以带来更高的职位、更多的薪水和更好的发展前景等物质奖励。相对于非充分的市场竞争，在充分的产品市场竞争下，企业经营者会更有动力取得优良业绩，充分产品市场竞争下取得的良好业绩能够带来可信度更高的声誉。

Fama（1980）指出在活跃和有效的经理人市场上，一方面，企业业绩是反映高管能力的一种事后信号，CEO 的历史业绩决定了其当下的市场价值；另一方面，其现在的行为也将影响其未来的市场价值，市场参与者能够通过 CEO 过去的经营业绩来推断其管理能力。考虑到自身声誉和未来就业机会，高管会自觉避免有损于股东价值的机会主义行为。同时，声誉的惩罚机制对高管行为也会起一定的约束作用，一旦企业高管做出有损于企业价值和股东利益的行为，高管会受到诸如收入减少、声誉受损甚至被解聘等惩罚，其市场价值将受到损害，甚至可能丧失未来的受聘机会（Fee and Hadlock，2004）。Holmstrom（1982）认为，当产品市场竞争程度较高时，产品市场竞争向股东传递的有关高管行为的信息更加准确，此时高管必须加倍努力才能维持自身良好的声誉。产品市场竞争的存在，使得经理人市场的声誉机制对高管的约束效应得到更充分的发挥。

综上所述，产品市场竞争的公司治理效应通过信息传递机制、清算威胁机制和声誉激励机制起作用。充分的产品市场竞争能够传递有关高管个人能力和努力程度的比较信息，减少了企业股东和高管之间的信息不对称，从而缓解两者之间的委托—代理矛盾，降低企业代理成本。

三、产品市场竞争对高管薪酬契约的治理效应

产品市场竞争作为公司外部治理的重要组成部分，能够通过竞争压力，缓解信息不对称，从而实现产品市场竞争对企业的治理效应。

产品市场竞争对企业的治理作用主要是通过一根链条依次实现的：首先，链条中最根本的一环表现在，产品市场竞争对高管薪酬契约的治理上，体现为产品市场竞争对高管薪酬契约这一激励与约束机制的优化。其次，链条再传导至高管投融资等决策行为上。优化后的薪酬契约，改善了高管个人的成本收益函数，使得高管利益目标与公司股东的利益目标相一致，这样高管在追求个人利益目标的同时，也使得其投融资等决策行为符合股东的利益。最后，链条传导至公司业绩上。高管的各种财务决策实施后，将有助于提高企业业绩，实现股东目标。目前，已有研究主要集中在后面两环上，即产品市场竞争如何影响投融资决策以及企业绩效，而针对产品市场竞争对高管薪酬契约的影响这一环的研究相对较少。

产品市场竞争对高管薪酬契约的治理具体表现在两个层面上：一是在高管薪酬水平层面上。高管薪酬水平是由薪酬影响因素及其权重所决定的，产品市场竞争可以提升薪酬影响因素的质量，改变其在契约中的权重。二是在高管层内部薪酬差距层面上。管理层权力的存在会导致管理层内部薪酬差距的上升，这种与权力相关的薪酬差距对企业未来业绩没有任何帮助。产品市场竞争可以抑制管理层权力的滥用，降低权力相关薪酬差距及其对企业业绩的不利影响。通过这两个层面，实现产品市场竞争对高管薪酬契约的治理效应。

总之，产品市场竞争对高管激励机制的治理效应是通过信息的比较来完成，竞争通过标杆的方式传递出高管行为与经营绩效信息，降低了企业信息的

不对称，产品市场上竞争的企业越多，竞争程度越大，参与竞争的企业其股东和高管之间的不对称信息就越少。在行业的高竞争环境下，企业业绩能够更加充分地传递出高管努力与能力的信息，从而实现竞争对高管的努力与能力的甄别效应与激励效应。此外，竞争程度的提高还有助于完善企业的内部晋升，通过竞争，提高了企业业绩与高管行为的相关性，使基于企业业绩的管理层内部的选拔与晋升机制更加有效。简而言之，行业的竞争程度有助于降低高管薪酬契约签订双方的信息不对称程度，使得高管薪酬契约的制定更加合理和有效。

第三章　我国高管薪酬激励的历史发展与现状

第一节　我国企业员工收入制度发展历程

一、计划经济体制下的企业员工收入制度

从新中国成立以来到改革开放初期的30年时间，在企业的收入分配领域上我国主要采取的是高度集中的收入管理与分配模式。在这段时间内的不同阶段，高度集中管理的收入管理与分配模式会存在一定程度的内部微调。其中，在新中国成立后的三年，外有经济封锁与抗美援朝，内要肃清残敌，发展经济。此时我国工业基础薄弱、财政困难、百废待兴，为了能够在这样的阶段迅速恢复经济，快速发展工业，我国在企业中实施了干部供给制与职工的原职原薪政策。干部供给制是国家对派往企业的接管干部，采取带有军事共产主义性质的一种大体平均的分配制度，依照国家工作人员的相应行政级别实施供给制（曾湘泉，2006）。职工的原职原薪政策是指对于新中国成立前遗留单位的留守人员和工人，在废除封建包工头制度的基础上，按新中国成立前三个月的平均工资来确定工资标准。

在20世纪50年代初，全国范围内的国营企业进行了第一次全面的工资改革，将供给制为主的分配制度改为工资制，各大行政区分别建立新的职工工资等级制度。国营企业工人工资实行八级工资制，少数企业实行六级或七级工资制。为了体现不同产业的工资差距，各大行政区按照各个产业在国民经济中的地位、重要程度、技术复杂程度、劳动条件、劳动强度等，确定了产业的工资顺序。同时，以“工资分”作为全国统一的工资计算单位，工资不再以货币计

算，而是以“工资分”进行计算，每个“工资分”包含了一定数量的粮、油、盐、布、煤等实物，再按当时的物价将实物折算成一定的货币进行发放。

从1956年6月起，国务院相继发布了《关于工资改革中若干具体问题的通知》等一系列文件。这次全国范围的第二次工资改革取消了“工资分”，实施直接的货币标准，将原工资制度中的实物供给因素彻底清除。改进了企业工人的工资等级制度，制定和修改了工人技术等级标准，适当扩大了工资级差，熟练工人与非熟练工人的工资差别大体为2—4倍（甘本佑，1996）。对于技术人员除了按职务评定工资外，对其中技术水平高的还加发技术津贴。并推广改进计件工资制，规定计件工资标准比计时工资标准高3%—10%，要求凡能够实行计件工资的企业尽可能实行计件工资制。在1957年底，全国实行计件工资制的工人达到310万人，约占生产工人总数的42%。

20世纪50年代末期的“大跃进”在一定程度上影响了按劳分配和计件工资制度的实施。在强调按需分配下，一些企业实行了半供给制半工资制，供给制部分实行有限制的按需分配，工资部分实行按劳分配，在一定程度上导致了“大平均、小差别”的“大锅饭”现象。1961年，中共中央颁布了《国营工业企业工作条例（草案）》，该条例指出国营企业的工资、奖励制度必须体现按劳分配原则，克服平均主义。1964年，劳动部制定了《企业计件工资暂行条例（草案）》，恢复计件工资制。

二、市场经济体制下的企业员工收入制度

在1978年改革开放后，我国企业的员工收入制度逐步从国家对劳动者个人的直接分配，转变为以工效挂钩为主的国家宏观调控下的企业自主分配。

1979年9月，国务院制定了以扩大企业自主权为主要内容的工业经济体制改革，包括对企业放利让权和承包经营责任制等，使得企业成为自主经营、自负盈亏的产品市场独立经营者。1985年初，国务院发出《关于国营企业工资改革问题的通知》，国家在工效挂钩的基础上，把企业的内部工资分配权还给企业，在国家宏观调控和政策指导下，企业自主建立符合自己生产发展特点的企业薪酬制度。企业内部薪酬制度的不断完善，逐步形成结构工资制。结构工资制是通过分解工资的组成，按照一定标准将职工工资分解成若干单元，每个单元按其各自规律运动的一种工资制度，一般包括基础工资、职务岗位工资、工

龄工资和浮动工资四个部分。其中，基础工资是保障劳动者基本生活需要的部分，按照当时维持员工基本生活需要来计算出工资数量。职务岗位工资与劳动者的职务或岗位密切相关，通常职务越高，劳动的责任与难度就越大，相应的职务岗位工资也越高。工龄工资与劳动者的工作年限相关。浮动工资与企业经营状况、劳动者个人工作绩效等相挂钩，体现多劳多得的原则。

随着改革开放的不断深入和私有经济的快速发展，西方关于职工薪酬相关理论的引入与运用，使我国企业员工的薪酬制度不断完善，不同企业逐步建立起适合企业发展的员工薪酬制度。这包括市场化的员工薪酬制度、以职位或工作为基础的薪酬制度、基于知识与技能的薪酬制度、以绩效为评价标准的薪酬制度等。

这些薪酬制度具体表现为：把劳动力看成特殊的商品，把劳动者看成企业所需劳动力的提供者，按照劳动力市场的供给与需求确定企业员工的工资水平。春节后长三角、珠三角的“用工荒”导致农民工工资的上涨是劳动力市场的供需决定工资水平的一种表现。几乎所有企业都建立起以职位为基础的薪酬制度，根据管理者的职位不同、工作责任与重要性不同，设置不同的薪酬标准，使得企业高管获取较高的薪酬收入。企业高管的薪酬可以是普通员工的几十倍，天价高管薪酬也是屡见不鲜。基于知识与技能的薪酬制度在企业中也扮演着重要角色，这种薪酬设计强调对拥有专业技能的人才给予较高的薪酬回报，他们甚至可以依赖于自己的技能参与企业剩余价值的分配。以绩效为评价标准的薪酬制度被企业广泛地运用，企业设计出年度绩效工资与长期的股权激励，实现企业短期与长期绩效相配合的薪酬制度。

三、我国企业高管收入的相关制度

新中国成立以来，我国企业高管收入与普通员工收入的发展历程基本一致，都是从最初的全国统一工资制度的全国性平均主义，逐步发展到扩大企业的自主权、企业利润留存和浮动工资制度。但随着我国经济体制的不断发展完善，特别是在改革开放后，人们对经营者人才重要性的认识不断加深，企业经营者的薪酬收入出现了一系列变化（见表 3－1）。厂长负责制和经营承包制开始出现，经营者年薪制得到广泛推行。这些变化体现了从最初的对经营者给予较少的物质报酬、较多的行政晋升与精神奖励，发展到更多的物质报酬、较少的行政晋升与精神奖励；企业对经营者人力资本财富的价值从最初的忽视，逐步发展到认同和重视。

表3-1　　我国企业经营者薪酬状况变迁

年份	分配原则	工资制度	激励方式	分配依据
1949—1956	大行政区集中管理	供给制	重行政晋升轻物质奖励	1950年8月全国总工会和劳动部下发的《工资条例(草案)》《工资条例说明书》《各产业工人职工工资等级表草案》
1956—1978	中央集中统一管理	等级工资制	重行政晋升轻物质奖励	1956年7月《关于工资改革的决定》《关于工资改革中具体问题的规定》《关于工资改革方案实施程序的通知》
1978—1984	按劳分配	浮动工资制	行政晋升为主物质奖励为辅	1978年5月国务院下发的《关于实行奖励和计件工资制度的通知》
1984—1992	多种分配方式	结构工资制	向物质奖励倾斜	1984年10月《中共中央关于经济体制改革的决定》，1985年初的《关于国营企业工资改革问题的通知》，1987年实行的厂长负责制、经营承包制
1992年至今	按劳动、生产要素进行分配	岗位工资效益工资	轻行政晋升重物质奖励	1992年北京、上海、深圳、福建等省市实施经营者年薪制试点

注：本表主要根据郑文力的《国有企业经营者薪酬设计的思考》文中表一，经过适当补充形成。

从20世纪90年代以来，随着我国市场经济的发展，我国企业经营者的薪酬激励制度日益完善。特别是从我国建立起上海和深圳两个证券交易市场以来，我国上市公司有关的高级管理人员的薪酬激励制度有了快速发展。但是，最初我国大部分上市公司的前身是国有企业，尽管在上市时都按照《公司法》《证券法》等一些法律法规进行企业改制，仍不可避免地有着较深的国有企业烙印。

特别是在90年代初，上市公司高管人员主要还是由上级主管部门委派，他们大都在原来的行政部门担任一定职务，并且不在企业领取工资，薪酬按照原来的行政级别来领取。企业的业绩与他们的薪酬没有太大关系。他们关心的不是企业绩效，而是自己的政治前途。90年代末，随着证券市场的逐步发展、相关制度的不断完善、经理人市场的健全，这种情况有了很大的转变。上市公司高管人员逐步不再是行政委派。同时，不断出台的各种制度对公司高管薪酬契约的完善起到了积极的作用。例如，1993年12月颁布的《中华人民共和国公司法》、1996年4月的《中国证监会关于加强对上市公司董事、监事、经理持有本公司股份管理的通知》和《上海证券交易所关于做好上市公司董监事及高级管理人员持股监管工作的通知》、2000年11月的《中国证监会关于上市公司2000年年度报告披露工作有关问题的通知》、2005年的《公开发行证券的公司信息披露内容与格式准则第2号〈年度报告的内容与格式〉(2005年修订)》等这些法律法规都对公司的高管人员薪酬契约产生了重要约束和影响。

此外，我国上市公司高管人员的薪酬信息披露也逐步透明。特别是2005年中国证券监督管理委员会颁布《公开发行证券的公司信息披露内容与格式准则第2号〈年度报告的内容与格式〉(2005年修订)》后，高管薪酬信息披露要比2001年修订稿的披露要求更加完整。例如，增加了对现任董事、监事、高级管理人员最近5年的主要工作经历，以及除股东单位外的其他单位任职或兼职情况的披露。对年度薪酬情况的披露要求更加细致，如以前只要求披露金额最高的前三名董事的薪酬总额、金额最高的前三名高级管理人员的薪酬总额，从2006年起所有上市公司要披露每一位现任董事、监事和高级管理人员在报告期内从公司获得的薪酬总额（包括基本工资、各项奖金、福利、补贴、住房津贴及其他津贴等)。

在2012年9月19日，中国证券监督管理委员会又颁布了《公开发行证券的公司信息披露内容与格式准则第2号——年度报告的内容与格式（2012年修订)》。新修订的条例要求，上市公司应当披露董事、监事和高级管理人员报酬的决策程序、报酬确定依据以及应付报酬情况；报告期末每位现任及报告期内离任董事、监事和高级管理人员在报告期内分别从公司及其股东单位获得的应付报酬总额；报告期末全体董事、监事和高级管理人员实际获得的报酬合计。对于董事、监事和高级管理人员获得的股权激励，公司应当按照已解锁股份、未解锁股份、可行权股份、已行权股份、行权价以及报告期末市价单独列示。

最近一次是2016年12月9日，中国证券监督管理委员会颁布《公开发行证券的公司信息披露内容与格式准则第2号——年度报告的内容与格式（2016年修订）》。新修订的准则要求，上市公司应当披露董事、监事和高级管理人员报酬的决策程序、报酬确定依据以及实际支付情况。披露每一位现任及报告期内离任董事、监事和高级管理人员在报告期内从公司获得的税前报酬总额（包括基本工资、奖金、津贴、补贴、职工福利费和各项保险费、公积金、年金以及以其他形式从公司获得的报酬）及其全体合计金额，并说明是否在公司关联方获取报酬。从2005年开始，中国证券监督管理委员会连续多次对上市公司公开信息披露的内容和格式进行修订，从修改结果来看，上市公司高管薪酬相关信息的披露内容越来越丰富和细化，披露格式也越来越规范。

四、转型经济与高管薪酬激励

经济转型指一种经济运行状态转向另一种经济运行状态，是一个国家或地区的经济结构和经济制度在一定时期内发生的根本变化。具体地讲，经济转型是经济体制的更新，是经济增长方式的转变，是国民经济体制和结构发生的一个由量变到质变的过程。对于我国的经济转型，更多的是指我国从计划经济迈向了市场经济，阶段性过渡是改革开放后中国经济转型的主要特征。

我国经济体制从计划经济向市场经济体制转型的过程大体可分为几个阶段，即经济的自由化、市场化、民营化和国际化阶段。在经济自由化的过程中，中国经历了一个从农村到城市的渐进式改革过程。在这个过程中，以家庭联产承包责任制为核心的农村改革，使农民获得了土地使用权，以放开国有企业自主经营权为核心的改革，使国有企业初步摆脱了计划经济体制的束缚，同时也使非国有经济得到了迅速发展。经济市场化的改革将国营企业推向了市场，与其他所有制企业展开竞争。经济民营化改革强调了产权的重要性，允许更大程度上的经济自由，各种所有制的竞争，使非国有经济成为中国经济的重要力量。

从改革开放以来，我国企业所处的环境背景发生了巨大变化，通常可以从政府与市场的关系、非国有经济的发展、产品市场的发育、要素市场的发育等方面进行较为全面的概括。这些方面不但可以较为准确的描述企业所处的环境背景，而且这些方面还对企业的生存发展、内部制度设计等产生了重大影响，作为企业重要的高管激励契约也内生于企业所处的经济转型的环境背景之中。

（一）政府与市场的关系

政府与市场关系的背景会影响政府与国有企业之间的微妙关系、国有企业的社会责任，以及国有企业依赖政治关系所获得的资源，而这些对国有企业高管薪酬契约的设计产生重要影响。非国有经济的发展程度决定着非国有企业的数量与运行效率，非国有企业与国有企业的出生背景不同，企业内部机制设计不同，员工对待企业内部分配的态度也存在差距，因而，高管薪酬契约的设计与激励效果也存在显著差异。

大多数国有企业是在计划经济背景下成立与发展起来的，计划经济的制度安排、观念等在国有企业中深入人心。从20世纪80年代中期开始，我国对国有企业进行股份制改造试点，并建立了一种保障终极所有权、落实法人财产、政企分开、产权清晰、权责明确、管理科学的现代企业制度，国有企业的行为开始从行政化转为市场化，高管薪酬契约的设计也开始越来越符合市场经济的要求。

但我国国有企业有着特殊的发展历程和现实使命，一方面，国有企业作为我国市场经济的重要参与者，有追求利润最大化的动机；另一方面，国有企业承担着诸多如就业、税收、抗震救灾等方面的社会责任，它不仅是国家实施宏观调控和执行产业政策的主要工具，而且还是维护社会公平、公正和正义的重要手段，承担着非国有企业不能承担、不愿承担或者不适合承担的责任（李荣融，2007）。当国家战略、公众利益需要其以牺牲经济效益为代价而承担某种特殊社会责任时，国有企业必须积极践行。也就是说，国有企业需要兼顾经济效益与社会效益的双重责任，这将导致国有企业在某种程度上偏离股东财富最大化的经济目标（李富强等，2006）。

一些学者针对国有企业高管薪酬契约的研究也在一定程度上验证了以上问题。Bai 等（2005）、刘凤委、孙铮、李增泉（2007）发现，国有企业目标的多元化将加大高管激励与企业目标相统一的难度，导致高管薪酬激励的强度降低。陈信元等（2009）发现，当国有企业行为体现政府的行政干预和多元化的社会目标时，纯粹基于企业业绩的薪酬安排，将在某种程度上无法得到推行。

此外，在当前我国转型经济的背景下，政治关系可以为企业在获取资源、降低企业多元化风险、贷款便利性等方面提供帮助，相对于非国有企业而言，有着“天然血统”和更多政治关系的国有企业享有着政策优势，拥有更多正式或非正式的官方“关系”，较为容易获取政府支持（Peng and Luo，2000；李维安、邱艾超、古志辉，2010）。当宏观经济波动较大时，政府的“帮助之手”会优先选择向国有企业倾斜，以帮助其降低外部环境风险的影响，国企的政治关系有利于缓解风险对国企的不利影响，在一定程度上干扰了国企高管努力的主动性，导致其将一部分精力放在政治关系的维护上，或坐等政府的“帮助之手”，政治关系的存在在一定程度上弱化了国企高管薪酬激励的有效性。

最后，从观念上来看，改革开放前，国有企业的平均主义制度仍影响着国企员工的分配观念，国有企业由于长期的大锅饭分配制度，使得企业部分员工倾向于平均薪酬和低收入差距，员工间较大的薪酬差距带给他们的不是激励作用，而是不公平、不平等的感觉。当国企员工在头脑中存在这种不公平感觉时，随着收入差距的扩大，他们会更加消极工作，降低企业经营绩效。这就是说，国有企业部分员工的平均主义思想可能会影响晋升激励体系的作用。因此，职位晋升的激励体系在非国有企业中运行会相对较好，而在国有企业中可能会遇到障碍。

（二）非国有经济的发展

非国有企业多是在市场经济背景下成立与发展起来的，从成立之初，就有很强的市场化倾向。与国有企业相比，非国有企业承担较少的社会责任，企业可以将更多的精力与目标放在提升财务业绩上。基于财务业绩指标设计的非国企高管薪酬契约，使得高管激励目标更加明确，更易考核高管的努力情况与经营成果，因而非国企高管的激励契约相对更加有效。

同时，不同性质的企业在高管激励与补偿方式上存在差异。非国有企业大多是在市场化环境背景下建立和成长起来，能更好地依照市场经济的发展规律，建立起较为单纯地以经济利益补偿为主的高管薪酬契约。国有企业承担的更多社会责任与任务的多样性，迫使高管需要在经济目标与非经济目标上都要付出努力，但由于非经济利益目标存在难以度量的特点，使得高管在这个方向上的努力不能获得足够补偿。再加上政府对国企高管的薪酬管制，进一步弱化了薪酬激励的有效性，国企高管很可能会寻求薪酬之外的补偿。陈冬华等（2005）发现，在国企薪酬管制的背景下，在职消费成为高管的替代性选择。陈信元等（2009）发现国企的薪酬管制会增加高管腐败的概率，并且，与非国有企业相比，我国的相关法律制度与市场竞争对完善国企内部治理和约束高管自利行为的作用有限。同时，国企高管的任命多是由政府来完成，一定职位的高管不但可以获得薪酬收入，还可能拥有与薪酬相比更为重要的政治前途，这导致了国企高管的激励方式、内容和效果比非国有企业要复杂得多。对于非国有企业的高管来说，薪酬激励更为单一与重要，依据市场规律设计的薪酬契约相对有效。

总之，国有企业与非国有企业在企业经营目标、政治关系、高管非薪酬激励方式等多个方面都存在较为显著的差异，而这些差异会对企业内部的薪酬差距产生深刻影响。具体表现如下：首先，非国有企业对于财务业绩目标的追求，使得以财务业绩作为评价依据的晋升体系相对有效。而国有企业的目标多样性，导致单纯以财务业绩作为评价依据的晋升体系失灵，但企业非经济利益目标又很难找到合适的评价指标，多个目标之间的重要性判断与权重设定也是难题，因此，从晋升评价体系的设计视角来看，非国有企业的晋升激励相对国有企业而言可能更加有效。

（三）产品市场的发育程度

尽管我国的市场化改革优化了大部分企业所处的经营环境，但是，保护性行业由于其价格管制和进入管制等特征，可以部分屏蔽掉诸如竞争等市场力量的影响，而表现出产品市场发育程度上的较大差异（辛清泉等，2009）。

竞争的市场环境可以把经营者能力、行为与企业的经营绩效联系到一起，只要将企业的会计业绩与这个行业的会计业绩加以比较，即可对企业经理人实现较为准确的监督和评价。相反，当企业所处的行业并非充分竞争时，会计业绩在反映经理人员的努力程度时就存在很大的噪声，并且由于同行业内的不同企业之间缺乏可比性，剔除这种噪声从而准确衡量经理人员业绩的成本就相对较高（刘凤委等，2007）。因此，相对于竞争性行业而言，保护性行业的高管薪酬更可能与企业业绩相脱离。

产品市场的发育程度决定着不同产业、行业与企业所获取利润的高低，当企业产品的价格完全由市场供需所决定时，竞争加剧，行业利润率相对较低。在竞争性环境下，经理人行为对企业发展也更为重要，企业高管的激励契约的设计可能更加符合市场要求。而垄断市场存在时，企业依赖于垄断地位获得超额垄断利润，将不可避免地扭曲和弱化企业高管薪酬契约的激励作用。此外，市场竞争程度的提高还有助于完善企业的内部晋升机制。行业的市场竞争程度有助于降低企业信息的不对称程度，提高企业业绩所包含其能力与努力的信息含量。通过市场竞争，提高了企业业绩与高管行为的相关性，使基于企业业绩的管理层内部的选拔与晋升机制更加有效。

（四）要素市场的发育程度

要素市场的发育程度也会对高管薪酬契约产生深刻的影响。包括经理人市场在内的劳动力市场发育程度是衡量要素市场发育程度的一个重要指标，该指标影响着企业劳动力的供需关系。较为成熟的经理人市场会给企业高管的聘用、任命、辞退等行为带来巨大便利，使得企业在这些行为上的选择符合市场机制。而国有企业高管的任命过度依赖于政府的干预与行政任命行为，这不但弱化了国有企业高管薪酬契约对高管必要的激励作用，而且会使得高管在一定程度上将自己的工作与企业业绩分离开来，寻求业绩之外的其他评价标准与晋升动力。

第二节　我国上市公司高管薪酬的现状分析

我国资本市场经过了近30年的发展，从无到有，从小到大；从最初的“老八股”到2019年上半年的上海证券交易所挂牌1500多家上市公司、深圳证券交易所挂牌2200多家上市公司，从市值区区几千亿元到如今接近60万亿元的市值规模，我国资本市场用了仅仅20多年，走完了发达国家百年的发展路程。资本市场的上市公司几乎遍布了我国的各行各业，很多上市公司是各行业的龙头企业或行业佼佼者。同时，作为上市公司必须按照中国证监会等部门颁布的规章制度对外披露信息。因此，针对我国上市公司进行研究，不但具有很强的行业代表性，而且还可以利用上市公司公开披露的各种信息进行分析，使得研究具有可行性。因此，本书在以下章节中，将利用我国上市公司公开披露的高管薪酬数据，实证研究我国上市公司高管薪酬的相关问题。

一、我国上市公司高管薪酬的总体分析

1999年修订版本《上市公司年报准则》，在高管薪酬信息披露内容上增加了公司划分年度薪酬区间，披露高管区间人数，列明不在公司领取薪酬的高管姓名的规定；在格式上把董事、监事的相关披露信息与高管人员的内容合并并入董事会报告中。2001年修订版本《上市公司年报准则》，补充和增加了对高管薪酬披露的数额和内容，包括基本工资、福利、奖金、住房津贴等，增加了披露

高管薪酬的形成机制和激励机制的规定。同时，《上市公司年报准则》规定上市公司要披露薪酬总额最高的前三名董事、高级管理人员和独立董事薪酬等相关信息。我国上市公司在2001年后，开始大量公开披露高管薪酬的具体数据，之后，高管薪酬信息的披露在制度上又经历了几次修订，当前上市公司高管薪酬数据的披露已较为全面和完善。

本书以2011—2018年我国上市公司作为研究样本进行描述性统计与分析，数据主要来源于国泰安（CSMAR）数据库，对于部分缺失或异常值，通过上海交易所与深圳交易所网站，收集我国上市公司公开披露的公司年报进行补充与完善。从2011年至2018年，本书选取的样本数分别是2328家、2470家、2515家、2630家、2822家、3118家、3492家和3558家。利用Excel工具和Stata分析软件，我们按年度对这些样本进行描述性统计分析。

依据谁在企业中拥有的权力最大、对企业贡献最多，谁的薪酬水平相对就高的原则，取上市公司年报中披露的前三名最高薪酬对应的高管为核心高管，将非核心高管定义为剔除核心高管人员之外的其他高管。依照公式（3－1）和公式（3－2）计算出上市公司的核心高管与非核心高管的年度平均薪酬，并分别在表3－2和表3－3中列示。

核心高管平均薪酬＝薪酬最高的前三名高管的薪酬之和÷3　　（3－1）

非核心高管平均薪酬＝（全部高管薪酬之和－核心高管薪酬之和）÷（高管人数－3）　　（3－2）

从我国上市公司核心高管年度平均薪酬值的统计表（表3－2）中可以看出，我国上市公司核心高管薪酬几乎呈现一种单边上升态势。从平均值来看，核心高管薪酬从2011年的59.4578万元，上升到2018年的102.8883万元，增加了近1.73倍。从中位数来看，核心高管薪酬从2011年的43.3583万元，上升到2018年的72.4517万元，增加了近1.67倍。

从平均值年度增长率来看，核心高管薪酬在2012年的增长速度最低，只有4.99%，从2011—2016年薪酬的增速都维持在个位数增长，但从2017年开始的近两年，核心高管薪酬的增速开始上升到两位数增长，分别为10.51%和11.41%，2011—2018年的平均增长率为8.17%。从中位数年度增长率来看，反映出来的核心高管薪酬的增速情况与平均值分析结论基本一致，即在2011—2016年薪酬中位数的增速都维持在个位数增长，但在2017年和2018年，核心高管薪酬中位数的增速开始上升到两位数，2011—2018年的平均增长率为7.63%。

表 3－2　我国上市公司核心高管的各年度薪酬值

项目	2011 年	2012 年	2013 年	2014 年	2015 年	2016 年	2017 年	2018 年	2011—2018 年的平均值
平均值（万元）	59. 4578	62. 4230	67. 2476	71. 2969	78. 3490	83. 5684	92. 3533	102. 8883	77. 1980
平均值增长率（%）		4. 99	7. 73	6. 02	9. 89	6. 66	10. 51	11. 41	8. 17
中位数（万元）	43. 3583	46. 0833	48. 9400	51. 7833	55. 3333	59. 4950	65. 7450	72. 4517	55. 3988
中位数增长率（%）		6. 28	6. 20	5. 81	6. 86	7. 52	10. 51	10. 20	7. 63
最高值（万元）	842. 87	1267. 67	1088. 60	904. 57	1145. 39	142. 24	1920. 87	3089. 78	
标准差（万）	63. 93	66. 56	73. 32	73. 64	86. 63	88. 92	97. 55	120. 01	
变异系数	1. 0751	1. 0662	1. 0903	1. 0328	1. 1057	1. 0640	1. 0562	1. 1664	
样本量	2328	2470	2515	2630	2822	3118	3492	3558	

资料来源：国泰安 CSMAR 数据库。

表 3－3　我国上市公司非核心高管的各年度薪酬值

项目	2011 年	2012 年	2013 年	2014 年	2015 年	2016 年	2017 年	2018 年	2011—2018 年的平均值
平均值（万元）	18. 5993	19. 2124	20. 9290	22. 3290	24. 0246	25. 2144	27. 2592	30. 1964	23. 4706
平均值增长率（%）		3. 29	8. 93	6. 69	7. 59	4. 95	8. 11	10. 78	7. 19
中位数（万元）	12. 6100	14. 0678	15. 3082	16. 3082	17. 6994	18. 7016	19. 9705	22. 2449	17. 1138
中位数增长率（%）		11. 56	8. 82	6. 53	8. 53	5. 66	6. 78	11. 39	8. 45
最高值（万元）	279. 29	425. 38	211. 99	271. 25	279. 59	346. 18	339. 37	587. 55	
标准差（万）	34. 00	20. 13	20. 97	22. 06	25. 43	25. 79	26. 71	32. 27	
变异系数	1. 8280	1. 0478	1. 0018	0. 9879	1. 0584	1. 0228	0. 9798	1. 0686	
样本量	2328	2470	2515	2630	2822	3118	3492	3558	

资料来源：国泰安 CSMAR 数据库。

从我国上市公司非核心高管年度平均薪酬值的统计表（表3-3）中可以看出，非核心高管薪酬几乎也呈现一种单边上升态势。从平均值来看，非核心高管薪酬从2011年的18.5993万元，上升到2018年的30.1964万元，增加了近1.62倍。从中位数来看，非核心高管薪酬从2011年的12.6100万元，上升到2018年的22.2449万元，增加了近1.76倍。从平均值年度增长率来看，与核心高管薪酬的增长态势基本一致，都经历了2011年度的低增长与近两年的较高速度增长，2011—2018年的平均增长率为7.19%。从中位数年度增长率来看，2011—2018年的平均增长率为8.45%。因此，可以得出时间是影响高管薪酬的重要因素，在本书后面章节针对高管薪酬的研究中，需要将时间因素纳入研究模型中。

对比核心高管与非核心高管薪酬的增速，从2011—2018年间，核心高管的年度薪酬平均值的增速为8.17%，要高于非核心高管的7.19%，这表明部分公司核心高管的薪酬在这期间上升较高，核心高管年度薪酬的增速整体上要高于非核心高管的增速。从核心高管与非核心高管薪酬趋势图3-1和图3-2也可以看出，两类样本的薪酬值都呈现随着时间的推移而不断上升的趋势。但无论是薪酬的均值趋势，还是薪酬的中位数趋势都显示出，核心高管薪酬的上升势头要

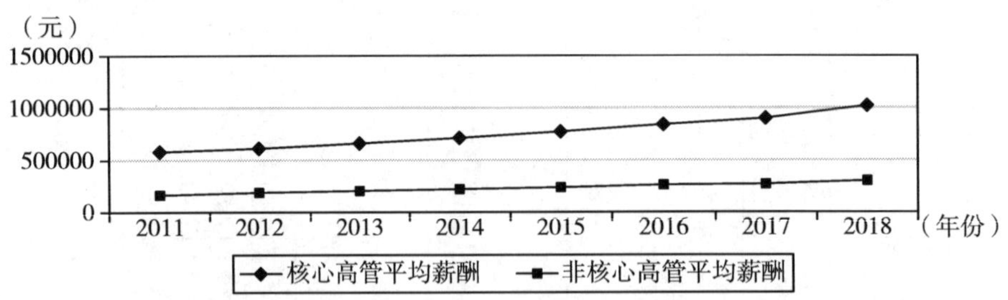

图3-1　核心高管与非核心高管年度薪酬趋势（均值）

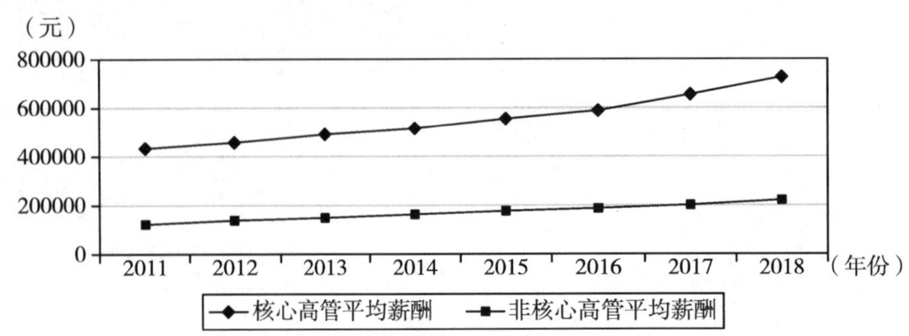

图3-2　核心高管与非核心高管年度薪酬趋势（中位数）

高于非核心高管薪酬。这种现象将不可避免地导致核心高管与非核心高管之间的薪酬差距随时间推移不断加大。因此，可以得出时间是影响高管薪酬和高管层内部薪酬差距的重要因素，在本书后面章节的研究中，需要将时间因素纳入研究模型中。

二、我国上市公司高管薪酬的分类分析

本书对我国上市公司高管薪酬的分类分析是从公司业绩、公司规模和公司所处行业这三个视角展开的。选择这三个视角进行分析是基于以下理由：其一，几乎所有的理论和实证研究都发现这三个因素是影响高管薪酬契约的重要因素；其二，产品市场竞争与公司所处的行业密切相关，需要重视行业与高管薪酬之间的关系；其三，本书后面将考察产品市场竞争对薪酬—业绩敏感性和薪酬—规模敏感性的影响程度与方向，有必要单独分析公司业绩、公司规模与高管薪酬的关系，来验证产品市场竞争对业绩敏感性和规模敏感性的治理效应。因此，下面将以文字和图表的形式，直观地反映出这三个因素与高管薪酬的关系。

（一）公司业绩与高管薪酬

公司高管薪酬与公司业绩之间存在着正向关系。一方面，由于委托—代理问题的存在，公司需要对高管进行必要的激励来降低代理成本，而薪酬契约是实现必要激励的重要手段。为了使得委托人和代理人的利益目标一致，就有必要在薪酬契约中加入公司业绩指标，引导高管在追求个人薪酬利益最大化时，提升公司业绩和股东财富。另一方面，公司也会根据经营业绩来衡量高管的能力和努力程度，并给予高管必要的薪酬奖励。从这两个角度出发，都可以得出高管薪酬与公司业绩之间存在正向的相关关系。同时，在国内外针对高管薪酬的大量研究中，也都得出公司业绩是影响高管薪酬的重要因素。因此，本书有必要将公司业绩与高管薪酬之间的关系列示出来。

本书以公司的净资产收益率指标作为公司的业绩指标。首先，我们对2011—2018 年共计 22933 个样本，按公司的净资产收益率的大小进行排序；其次，按照收益率指标从小到大，将全部样本分为 10 组，前面 7 组的样本数为 2293 个，后面三组的样本数为 2294 个。最后，分别求出每个组内所有样本的核心高管薪酬与非核心高管薪酬的平均值与中位数，统计值在表 3－4 中列示。从表 3－4 可以看出，核心高管薪酬与净资产收益率之间存在显著的正相关关系，随

表 3－4　按照业绩高低排序后的核心高管与非核心高管的年度平均薪酬

项目	样本组 1	样本组 2	样本组 3	样本组 4	样本组 5	样本组 6	样本组 7	样本组 8	样本组 9	样本组 10
核心高管薪酬（平均值）（万元）	55.8654	57.2179	62.1926	69.0998	71.6133	76.3511	82.7500	91.2847	108.5392	118.4413
核心高管薪酬（中位数）（万元）	42.7166	44.5200	48.0600	51.9333	54.3333	55.7067	61.4800	66.9800	73.9867	78.0483
非核心高管薪酬（平均值）（万元）	17.6187	18.0842	19.2232	21.1709	22.3344	23.8926	25.1908	27.8266	32.0747	32.9094
非核心高管薪酬（中位数）（万元）	13.6300	14.3635	15.2400	16.1880	16.8963	17.2936	19.1025	20.2285	22.7627	22.9757
样本量（个）	2293	2293	2293	2293	2293	2293	2293	2294	2294	2294

资料来源：国泰安 CSMAR 数据库。

着公司净资产收益率的不断增加，核心高管薪酬也在持续上升。当净资产收益率较低时，随着净资产收益率的增加，核心高管薪酬会处于缓慢上升阶段，但当净资产收益率处于较高阶段时，随着收益率的增加，高管薪酬的上升幅度会有一个加快的趋势，从图3－3按照业绩高低排序后的核心高管年度薪酬趋势中也可以看到这种现象。

针对非核心高管薪酬的分析，也可以得出相同的结论，即随着公司净资产收益率的不断增加，非核心高管薪酬在持续上升，从图3－4按照业绩高低排序后的非核心高管年度薪酬趋势中也可以看到这种现象。因此，可以得出公司业绩是影响高管薪酬的重要因素，在本书后面章节针对高管薪酬的研究中，需要将公司业绩因素纳入研究模型中。

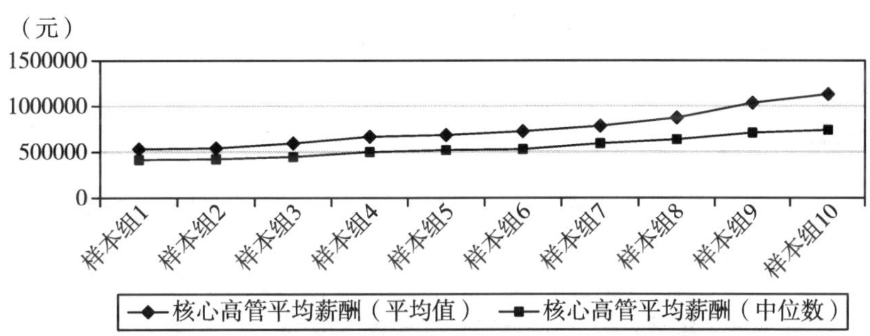

图3－3　按照业绩高低排序后的核心高管薪酬趋势

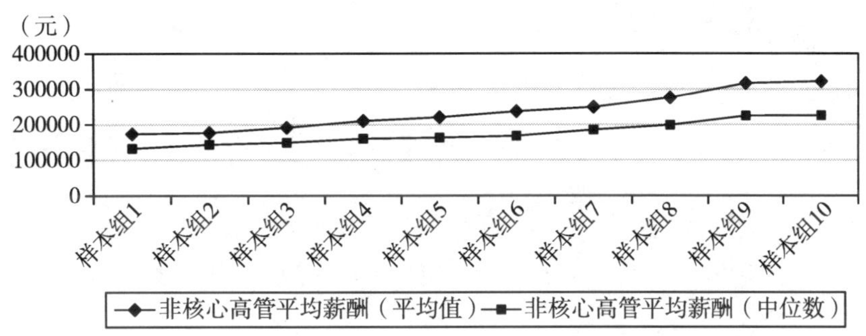

图3－4　按照业绩高低排序后的非核心高管薪酬趋势

（二）公司所处行业与高管薪酬

由于不同行业之间经营效率存在较大差异，不同行业之间员工的收入差异较大。因此，需要考虑到行业因素对高管薪酬的影响。在针对高管薪酬的研究中，很多文献都发现行业是影响高管薪酬的重要变量（魏刚，2000；陈震、丁忠明，2009）。

本书按照中国证券监督管理委员会（CSRC）（2002 年版）《上市公司行业分类指引》的规定，将上市公司分为 13 个行业。

对我国 2011—2018 年上市公司核心高管与非核心高管薪酬进行分行业统计，并将高管薪酬的平均值与中位数数据在表 3－5 中列示。可以看出，金融业的核心高管薪酬明显高于其他行业，是其他行业高管薪酬的 3—6 倍，呈现出一枝独秀的现象；同时，房地产行业的高管薪酬也明显高于其他行业。农、林、牧、渔业等相关行业的高管薪酬最低，其核心高管薪酬几乎只有金融业的 1/6。针对非核心高管的数据分析，也可以得出类似的结果。从图 3－5 和图 3－6 各行业高管薪酬分布中也可以清楚地观测到这个现象。不同行业之间，高管的薪酬数量存在较为显著的差异，高管薪酬的多少与所属行业有密切的关系，因此在后面的研究中，需要将行业因素纳入研究模型中。

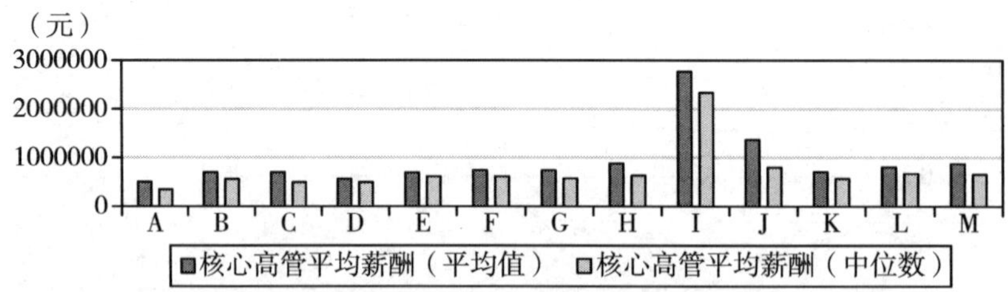

图 3－5　按照公司所处行业不同划分的核心高管薪酬

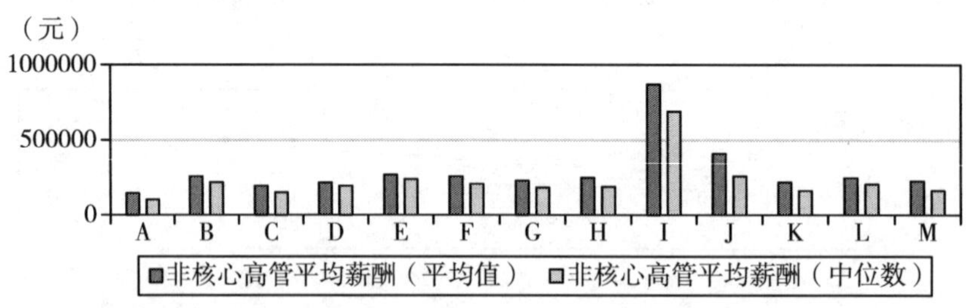

图 3－6　按照公司所处行业不同划分的非核心高管薪酬

（三）企业规模与高管薪酬

几乎所有关于高管薪酬的实证研究都得出，公司规模是影响高管薪酬的重要因素。陈震、丁忠明（2009）发现，在高管薪酬契约中，规模对薪酬的影响力度要远大于公司业绩对薪酬的影响，与规模相关的薪酬是与业绩相关的薪酬的 40—65 倍①。对于规模指标在高管薪酬存在的必要性，陈震（2008）分别从代

① 这个结论在一定程度上解释了，为何公司高管热衷于企业并购，为何公司在并购后业绩下降，高管却可以随着公司规模的迅速扩张而拿到更高的薪酬。

表 3－5　按照行业分类的核心高管与非核心高管的年度薪酬

行业	A	B	C	D	E	F	G	H	I	J	K	L	M
核心高管薪酬（平均值）（万元）	51.03	72.41	70.87	59.48	70.93	74.29	76.05	86.74	280.47	138.24	72.15	81.45	88.63
核心高管薪酬（中位数）（万元）	39.64	58.26	52.20	52.67	63.08	59.91	59.25	65.26	236.16	81.46	59.67	66.84	66.87
非核心高管薪酬（平均值）（万元）	14.76	26.29	20.68	22.23	27.38	26.24	23.86	25.35	87.76	41.99	22.62	25.75	23.54
非核心高管薪酬（中位数）（万元）	10.89	22.22	15.80	19.83	24.42	20.99	19.06	19.39	70.56	26.38	17.34	21.59	17.77
样本量（个）	333	556	14647	721	598	592	1277	1218	458	1047	595	409	482

注：A—农、林、牧、渔业等相关行业，B—石油、有色金属开采业等相关行业，C—制造业等相关行业，D—电力、热力供应业等相关行业，E—建筑业等相关行业，F—交通运输业等相关行业，G—计算机、通信等相关行业，H—零售业等相关行业，I—金融相关行业，J—房地产相关行业，K—旅游业等相关行业，L—文化业等相关行业，M—综合类相关行业。

资料来源：国泰安 CSMAR 数据库。

理理论的视角和管理层权力的视角给予了解释。这些证据都表明，公司规模与高管薪酬之间有密切关系。

本书首先对2011—2018年共计22933个样本，按公司在年末总资产的大小进行排序；其次，按照规模从小到大，将全部样本分为10组，前面7组的样本数位2293个，后面3组的样本数为2294个。最后，分别求出每个组内所有样本的核心高管薪酬与非核心高管薪酬的平均值与中位数，统计值在表3－6中列示。

从表3－6中可以看出，规模最小的第一组，其核心高管与非核心高管薪酬不论是平均值还是中位数都是10个样本组中最小的。随着规模的不断增加，样本组内两类高管薪酬也在随之增加，当规模达到第9组时，公司高管层内部薪酬差距最大。但此时再增加公司规模，核心高管与非核心高管的年度薪酬不论是平均值还是中位值都会略微有所下降，从图3－7和图3－8中可以非常清楚地观测到这种现象。产生这种现象的可能原因是，我国国有垄断企业的规模较大，规模最大的这组中会包含有大量的国有垄断企业，而我国近些年针对国有企业高管的薪酬管制，使得国有企业的核心高管与非核心高管的年度薪酬有所降低，因为这个原因导致规模最大一组的公司，其高管薪酬并没有随着规模的增加而上升。由以上分析可以得出，公司规模是影响高管薪酬的重要因素，在本书后面章节针对高管薪酬的研究中，需要将公司因素纳入研究模型中。

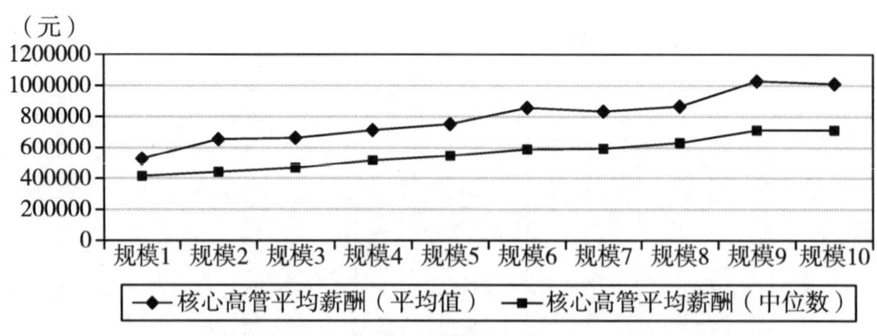

图3－7 按照公司规模高低排序后的核心高管薪酬趋势

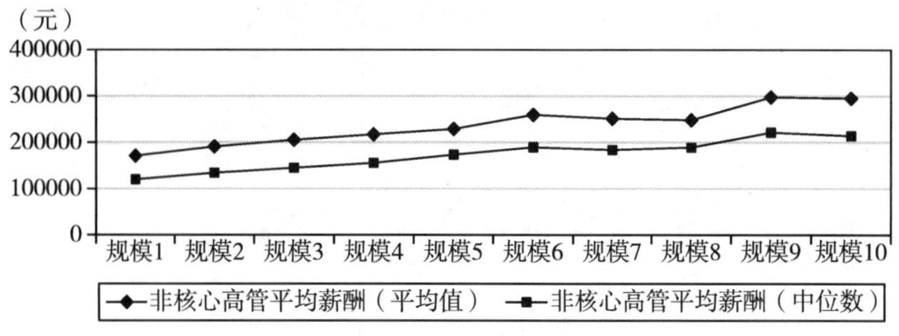

图3－8 按照公司规模高低排序后的非核心高管薪酬趋势

表 3-6　按照规模高低排序后的核心高管与非核心高管的年度平均薪酬

项目	样本组 1	样本组 2	样本组 3	样本组 4	样本组 5	样本组 6	样本组 7	样本组 8	样本组 9	样本组 10
核心高管薪酬（平均值）（万元）	53.7910	65.7380	66.6313	71.0084	76.0620	85.5675	84.3930	86.3093	102.6740	101.1933
核心高管薪酬（中位数）（万元）	42.9767	45.6367	48.0567	51.5100	54.7433	59.9200	59.7533	63.7033	72.7133	71.0067
非核心高管薪酬（平均值）（万元）	17.3364	19.5505	20.6793	22.0546	23.4576	26.4472	25.5187	25.2277	30.2380	29.8190
非核心高管薪酬（中位数）（万元）	12.4322	13.7385	14.9336	15.9500	17.6242	19.3092	18.6631	18.9350	22.4551	21.8816
样本量（个）	2293	2293	2293	2293	2293	2293	2293	2294	2294	2294

资料来源：国泰安数据库。

第三节 我国上市公司高管层内部的薪酬差距分析

我国上市公司高管层内部的薪酬差距是指，在一家上市公司中，核心高管的平均薪酬与非核心高管的平均薪酬之间的差值。我们依照公式（3－1）和公式（3－2）计算出上市公司的核心高管和非核心高管的各年度薪酬值后，再按照公式（3－3）计算出公司内部的核心高管与非核心高管的薪酬差距。

高管层内部薪酬差距＝核心高管平均薪酬－非核心高管平均薪酬　　（3－3）

一、我国上市公司高管层内部薪酬差距的总体分析

从表3－7我国上市公司高管层内部薪酬差距的统计中可以看出，核心高管与非核心高管的薪酬差距呈现出单边上升的趋势。也就是说，虽然核心高管与非核心高管薪酬的绝对数逐年上升，但两者薪酬之间的差距并没有降低，反而呈现出不断加大的趋势。具体来看，在平均值上，核心高管与非核心高管的薪酬差距从2011年的40.8584万元上升到2018年的72.6919万元，增长了1.78倍。同时，核心高管与非核心高管薪酬差距的年平均增长率从5.76%—11.67%之间，其中在2012—2014年保持较低的个位数增长，最近的2017—2018年的增长速度逐渐开始加快，达到两位数增长。这与前面描述的核心高管薪酬与非核心高管薪酬的具体变化趋势相一致。在中位数上，核心高管与非核心高管的薪酬差距呈现出近乎于直线的增长趋势，说明高管间的薪酬差距在逐年拉大。核心高管与非核心高管之间薪酬差距的增速在经历了2013年的短暂下降后，从2014年开始稳步增长，并且增速呈现每年逐步提高的趋势，到了2018年增速达到两位数的增长。因为中位数的统计结果能很好地避免极端值对统计结果的不利影响，所以，从中位数的变化趋势可以更加清楚地看到核心高管与非核心高管的薪酬差距有逐步加大的迹象，这与图3－9高管层内部的年度薪酬差距趋势图所显示的情况一致。

表 3－7　　我国上市公司高管层内部的年度薪酬差距

项目	2011 年	2012 年	2013 年	2014 年	2015 年	2016 年	2017 年	2018 年
高管层内部薪酬差距（万元）平均值	40. 8584	43. 2106	46. 3186	48. 9679	54. 3245	58. 3540	65. 0941	72. 6919
平均值的增长率（%）		5. 76	7. 19	5. 72	10. 94	7. 42	11. 55	11. 67
高管层内部薪酬差距（万元）中位数	29. 3688	30. 9238	32. 0764	33. 5598	36. 2076	39. 5359	43. 3008	47. 8275
中位数的增长率（%）		5. 29	3. 73	4. 62	7. 89	9. 19	9. 52	10. 45
样本量（个）	2328	2470	2515	2630	2822	3118	3492	3558

资料来源：国泰安数据库。

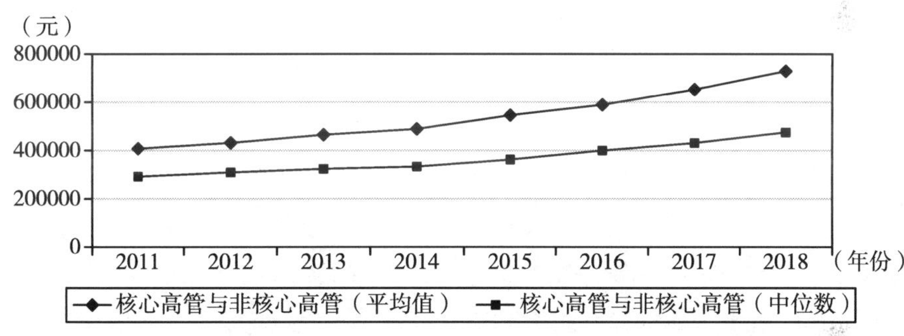

图 3－9　我国上市公司高管层内部的薪酬差距趋势

二、我国上市公司高管层内部薪酬差距的分类分析

（一）公司业绩与高管层内部的薪酬差距

本书以公司的净资产收益率指标作为公司的业绩指标，首先对 2011—2018 年共计 22933 个样本，按公司的净资产收益率的大小进行排序；其次，按照收益率指标从小到大，将全部样本分为 10 组，前面 7 组的样本数为 2293 个，后面 3 组的样本数为 2294 个。最后，分别求出每个组内所有样本的核心高管与非核心高管的薪酬差距平均值与中位数，统计值在表 3－8 中列示。从表 3－8 可以看出，高管层内部薪酬差距与净资产收益率之间存在显著的正相关关系，随着公司净资产收益率的不断增加，内部薪酬差距总体上也在持续上升。分阶段来看，

当净资产收益率较低时，随着净资产收益率的增加，高管层内部薪酬差距会处于缓慢上升阶段，但当净资产收益率处于较高阶段时，随着收益率的增加，薪酬差距的上升幅度会有一个加快的趋势，这一现象在图 3 - 10 中表现的更加清晰。这种情况与上面针对公司业绩与高管薪酬之间关系的分析结果是一致的。

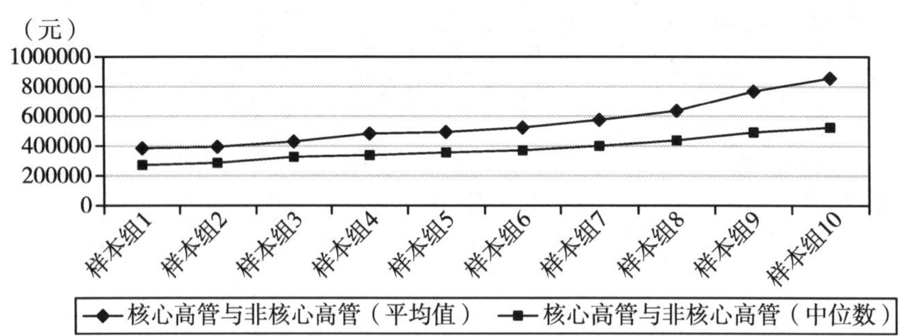

图 3 - 10　按照业绩高低排序后的高管层内部薪酬差距趋势

（二）公司所处行业与高管层内部的薪酬差距

表 3 - 9 是分行业对我国 2001—2011 年上市公司内部薪酬差距平均值与中位数的统计。可以看出，金融业的核心高管与非核心高管的薪酬差距明显高于其他行业，显示出畸高的不合理现象；同时房地产行业的薪酬差距与其他行业相比也较高。

通过对不同行业的企业内部员工间薪酬差距的分析可知，不同行业间的高管层内部薪酬差距显著不同，金融业的内部薪酬差距最大，平均值达到 192. 71 万元，中位数达到 155. 13 万元，是唯一一个差值在 100 万量级以上的行业。农、林、牧、渔业的薪酬差距最小，平均值只有 36. 26 万元，中位数为 25. 24 万元，金融业高管的内部薪酬差距是农、林、牧、渔业的 5—6 倍。从图 3 - 11 按照行业分类的薪酬差距趋势中也可以看到，金融业的上市公司高管层内部薪酬差距远

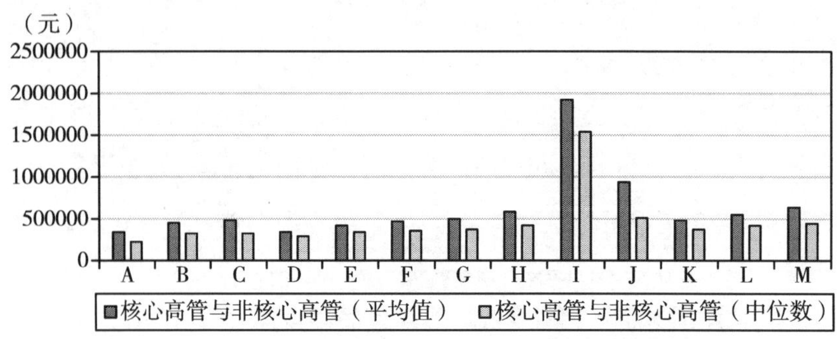

图 3 - 11　按照行业分类的高管层内部薪酬差距趋势

表 3－8　　按照业绩高低排序后的高管层内部年度薪酬差距

项目	样本组 1	样本组 2	样本组 3	样本组 4	样本组 5	样本组 6	样本组 7	样本组 8	样本组 9	样本组 10
核心高管与非核心高管（平均值）（万元）	38. 2467	39. 1337	42. 9694	47. 9289	49. 2790	52. 4584	57. 5592	63. 4581	76. 4645	85. 5319
核心高管与非核心高管（中位数）（万元）	27. 6556	28. 9189	31. 7275	34. 2380	35. 3370	36. 4278	40. 7315	43. 8003	49. 3906	52. 2111
样本量（个）	2293	2293	2293	2293	2293	2293	2293	2294	2294	2294

资料来源：国泰安数据库。

表 3－9　　按照行业分类的高管层内部薪酬差距

行业	A	B	C	D	E	F	G	H	I	J	K	L	M
高管薪酬的内部差距（平均值）（万元）	36. 26	46. 12	50. 19	37. 26	43. 55	48. 05	52. 19	61. 39	192. 71	96. 25	49. 53	55. 71	65. 09
高管薪酬的内部差距（中位数）（万元）	25. 24	33. 73	35. 02	31. 45	36. 37	36. 99	38. 58	43. 50	155. 13	53. 88	38. 22	44. 16	46. 88
样本量（个）	333	556	14647	721	598	592	1277	1218	458	1047	595	409	482

注：A—农、林、牧、渔业等相关行业，B—石油、有色金属开采业等相关行业，C—制造业等相关行业，D—电力、热力供应业等相关行业，E—建筑业等相关行业，F—交通运输业等相关行业，G—计算机、通信等相关行业，H—零售业等相关行业，I—金融相关行业，J—房地产相关行业，K—旅游业等相关行业，L—文化业等相关行业，M—综合类相关行业。

资料来源：国泰安 CSMAR 数据库。

大于其他行业。行业因素对上市公司高管层内部薪酬差距的影响较为明显，是研究内部薪酬差距时不可忽视的因素。

（三）公司规模与高管层内部薪酬差距

首先，我们对2011—2018年共计22933个样本，按公司在年末总资产的大小进行排序；其次，按照规模从小到大，将全部样本分为10组，前面7组的样本数为2293个，后面3组的样本数为2294个。最后，分别求出每个组内所有样本的核心高管与非核心高管之间薪酬差距的平均值与中位数，统计值在表3－10中列示。

表3－10　　按照规模高低排序后的高管层内部薪酬差距

项目	样本组1	样本组2	样本组3	样本组4	样本组5	样本组6	样本组7	样本组8	样本组9	样本组10
核心高管与非核心高管（平均值）（万元）	36.4546	46.1875	45.9520	48.9538	52.6044	59.1203	58.8743	61.0815	72.4361	71.3744
核心高管与非核心高管（中位数）（万元）	28.9648	30.5858	31.7667	33.6775	35.7759	38.9553	39.7456	42.3895	48.0908	46.3194
样本量（个）	2293	2293	2293	2293	2293	2293	2293	2294	2294	2294

资料来源：国泰安CSMAR数据库。

从表3－10中可以看出，规模最小的第一组，其核心高管与非核心高管之间的薪酬差距是10个样本组中最小的。随着规模的不断增加，样本组内两个薪酬差距也在随之增加，当规则达到第9组时，公司高管层内部薪酬差距最大。但此时再增加公司规模，核心高管与非核心高管的薪酬差距不论是平均值还是中位值都会有明显的下降，从图3－12中可以非常清楚地观测到这种有趣的现象。这可能的原因是：一方面，国有企业的规模较大，规模最大的样本组中有大量的国有企业，特别是国有垄断企业；另一方面，近些年我国针对国有企业高管实施薪酬管制，使得国有企业的高管层内部薪酬差距有所降低，这共同导致了规模最大的样本组没有出现薪酬差距与规模同步增加的现象。

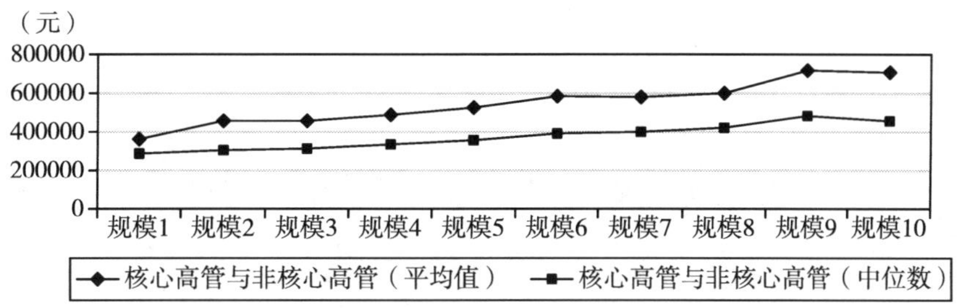

图 3－12 按照公司规模高低排序后的高管层内部薪酬差距趋势

第四章　产品市场竞争对薪酬契约的治理效应——基于薪酬敏感性视角

作为外部治理机制的产品市场竞争，通常是通过以下链条发挥对公司的治理作用的。首先，产品市场竞争对高管薪酬契约的治理，使得薪酬契约更具良好的激励效应。其次，优化后的高管薪酬契约在利益目标上，使得高管与公司股东更加一致，从而使得高管的各种决策行为也更加符合股东的利益。最后，各种决策行为在实施后，提升了公司业绩和企业价值。在整个链条中，产品市场竞争对高管薪酬契约的治理效应是处于链条的最基础环节，起着举足轻重的作用。因此，有必要去研究产品市场竞争对薪酬契约的治理效应。高管薪酬有两个研究视角：一个是薪酬水平视角，另一个是薪酬差距视角，本章将分析产品市场竞争对薪酬水平的治理效应，在第五章研究产品市场竞争对薪酬差距的治理效应。

薪酬水平，即薪酬的高低，是由高管薪酬契约中各影响因素，及这些因素与薪酬之间的紧密程度所决定的。可以用公式（4－1）来表示高管薪酬水平：

$$W = W_{fix} + b \times Y \tag{4-1}$$

高管薪酬水平 W 是高管的固定薪酬和变动薪酬的加总，其中，W_{fix}是高管人员的固定薪酬；$b \times Y$ 是高管的变动薪酬；Y 是高管薪酬契约中确定下来的高管薪酬影响因素；b 是这些薪酬影响因素与高管薪酬之间的紧密程度，即这些影响因素与薪酬的敏感性。在本书的第三章中，较为详细地列示了公司业绩、公司规模与薪酬之间的关系，同时，已有大量文献发现，公司业绩和公司规模是影响高管薪酬的重要因素，因此 Y 中就应该包含公司业绩和公司规模，业绩指标和规模指标前面的系数 b，就可以分别定义为薪酬—业绩敏感性与薪酬—规模敏感性。高管薪酬—业绩敏感性与薪酬—规模敏感性的大小，就直观地反映出业绩和规模这两个因素分别对高管薪酬的影响程度，本章所讨论的薪酬敏感性就是指薪酬—业绩敏感性与薪酬—规模敏感性。

在本章的以下内容中，首先，阐述业绩指标和规模指标在薪酬契约中存在的重要性与必要性，以及指标本身所具有的缺陷。其次，对相关文献进行综述，为之后的规范和实证分析奠定文献基础。再次，规范分析产品市场竞争分别对高管薪酬—业绩敏感性与薪酬—规模敏感性的治理效应，并提出本章的研究假设。复次，利用我国上市公司公开披露的数据，实证检验产品市场竞争对两类敏感性的治理效应。最后，给出本章研究的主要结论。

第一节　业绩指标与规模指标的重要性与必要性

一、业绩指标的重要性与固有缺陷

委托—代理问题是当今社会绝大多数企业都存在的根本问题，它也是现代企业固有的一个特征。委托—代理问题的存在，降低了企业经营管理效率，提高了企业运营的成本。良好的高管薪酬契约可以在一定程度上缓解委托—代理矛盾，这其中业绩指标起到至关重要的作用。在经典的委托—代理理论模型中，公司高管薪酬的函数仅仅包含高管业绩这唯一解释变量（Holmstrom，1979）。这是因为，业绩指标是关联股东利益与高管利益的枢纽，通过将业绩指标写入高管薪酬契约中，使得双方利益目标一致化。但该模型设立是以高管个人的经营业绩能够通过某种方式被准确度量为前提的。高管个人的经营业绩指标可以分为短期业绩指标和长期业绩指标，在现实中，无论是短期业绩指标，还是长期业绩指标都容易受到人为的影响和干预，包含大量不可靠的噪声。

短期业绩指标更多是用当年的会计业绩来表示。但会计业绩指标有以下两个方面的缺陷：一方面，会计业绩容易受到公司高管的操纵，如当期利润指标易受到会计核算方法选择的直接影响，存货计价方法、固定资产折旧方法等的不同选择，都会提高或降低当期的利润值。另一方面，用会计业绩作为考核高管的指标会存在以偏概全的情况。高管不仅要关注如何提高企业当期的会计业绩，还应该对公司长远发展做好打算。而当期利润等指标仅仅关注当前的财务业绩，不但忽视了对高管为公司未来努力的评价，而且还会诱导高管的短期化行为，使得高管为获得短期业绩而放弃如人力资源培训、固定资产投资等对公司长远发展有利的决策。

长期业绩指标多以公司股价为基础，但当前我国资本市场发育尚不健全，注册制、退市制度等制度建设还在不断推进中，大量不成熟的中小投资者的存在，股票市场波动剧烈、换手率惊人。在这种资本市场现状下，公司基本面可以与公司股价波动没有任何关系，在基本面没有明显变化时，公司股价可以在短时间内暴涨几倍，股价无法反映出公司的真实价值。短期业绩指标和长期业绩指标固有的缺陷，使得公司股东不可能将公司业绩作为高管薪酬的唯一决定因素。

二、规模指标的重要性与必要性

从以上分析可知，将业绩指标纳入高管薪酬体系的目的是为了一致化高管个人利益与公司利益，高管通过自己的能力与努力，提升公司业绩，并按此业绩获取薪酬，使得高管在追逐个人利益时，实现股东利益，这成为缓解委托—代理矛盾的一条重要途径。理论上，按照经典的委托—代理理论模型，业绩指标应当是高管薪酬函数的唯一自变量，如果薪酬契约中加入了其他因素，将导致代理成本的增加。但这一经典模型是建立在完全信息假设之上，即业绩指标能够充分且准确反映高管的能力和努力，这一假设在现实中并不成立，业绩指标不但遗漏很多与高管能力和努力相关的信息，而且业绩指标包含的信息中存在大量噪声，因此，有必要在业绩指标之外，引入其他变量来优化这一信息传递机制 。

在众多的变量中，公司规模指标能够提供高管能力和努力的增量信息，是优化信息含量的重要指标。这是因为以下三个原因：

首先，规模与劳动贡献率相关。Banker 和 Hall（1998）通过对公司规模按大小分块，取每块中间值来研究公司规模与高管人员边际劳动贡献率之间的关系。研究发现公司规模与高管人员边际劳动贡献率之间呈单调上升关系，即公司规模越大，边际劳动贡献率就越高。Cuzick（1985）使用非参数检验也证明了公司规模与贡献率之间存在正相关关系。

其次，大公司更容易获得高能力的高管。Rosen（1982，1986）使用“克隆”模型对大公司高管人员报酬更高的现象进行了解释。他认为大公司有更多管理阶层和更多下属，CEO 才能的一点点变动都会对公司业绩产生较大影响，因此，大公司有动力和能力去雇用最好的 CEO。同时，大公司更多的管理阶层和更多下属放大了 CEO 才能所产生的作用，使得大公司的 CEO 有更多的报酬。Teddy 和 Peter（2002）通过对高管人员所工作公司业绩和先前工作的上一家公司业绩进行比较研究，发现业绩越好的高管人员越有可能到一个更大规模的公司任职。

最后，在公司发展的某个阶段，公司规模可能是个比业绩更重要的阶段性目标。例如，对于成长期的企业来说，追求规模的迅速扩张也许是公司当前发展的重要目标，其高管的努力程度并非仅表现在企业业绩上，企业规模的变化也能反映高管的决策能力和努力程度。对于周期性行业企业来说，在经济周期的衰退末期，高管能否通过行业并购等手段，实现公司规模的迅速扩张和市场占有率的快速提高，也是衡量高管能力与努力的重要方面。因此，通过以上三点分析可以发现，公司规模指标是能够带来高管能力与努力的增量信息，有必要将规模指标写入高管薪酬契约中。

第二节 相关文献综述

业绩指标和规模指标都是影响高管薪酬的重要因素，国内外几乎所有研究高管薪酬的实证文献，都会得出业绩和规模是显著影响高管薪酬的变量，但已有文献对两个指标的重视程度却存在显著差异，大量文献将研究重点放在业绩与薪酬的关系上，但对公司规模与薪酬关系的研究明显不足。

一、高管薪酬—业绩敏感性的相关文献

国外相关文献基本上会将业绩拆分为会计业绩和市场业绩，分别研究高管薪酬—会计业绩敏感性和高管薪酬—市场业绩敏感性。Banker 和 Datar（1989）研究了报酬合同中会计和市场这两种业绩指标的权重是如何决定的，发现业绩指标权重是每个业绩指标噪声和敏感性的函数。一个指标对代理人行为的敏感性越大，它的权重越大；一个指标的噪声越大，它的权重就越小。Eaton 和 Rosen（1983）研究发现，当会计收益指标有更大噪声时，经理人激励机制更依赖于市场业绩指标。Lamber 和 Larcker（1987）得出，代表会计收益业绩噪声的时间序列方差相对于代表股票业绩噪声的时间序列方差更大时，CEO 报酬中会计收益指标权重就会相应变小，股价指标权重相应变大。Sloan（1993）对经理的现金报酬进行研究，发现赋予在会计收益指标和股价指标上的相对权重是这两个业绩指标相对方差的减函数。Lamber，Larcker（1987）和 Baber（1996）研究发现，在成长机会更大的公司中，公司股价指标与公司经理行为的敏感性就越大。Gaver 和 Gaver（1993）发现，成长中的公司通常会更倾向于提供期权计划，赋予市场业绩指标更大的权重。Core 等（2003）用市盈率作为公司成长性变量对经理全部报酬进行研究，发现市盈率增加时，会计收益指标的权重会显著降低。

国内针对高管薪酬—业绩敏感性的文献，基本上都只研究高管薪酬与会计业绩之间的敏感性问题，究其原因是与我国股票市场不成熟，股价波动与公司价值无关这一现象有密切关系。对近几年与高管薪酬—业绩敏感性相关的文献进行综述后发现，文献大都侧重于公司内部某一治理机制与高管薪酬—业绩敏感性的关系，如谢德仁、林乐、陈运森（2012）从经理人兼任薪酬委员会委员的视角；金玉娜（2019）从内部控制的视角；杜闪、王生年（2019）从信息披露的视角；王东清、刘艳辉（2016）从管理层权力的视角；陈晓珊、刘洪铎（2019）；蔡贵龙、柳建华、马新啸（2018）从股权性质的视角；赵乐、王琨（2016）从股权分置改革后股权性质的视角，分别研究了特定的治理机制对高管薪酬—业绩敏感性的影响。

谢德仁、林乐、陈运森（2012）对国有控股上市公司进行研究发现，相对于经理人没有兼任薪酬委员会委员的企业，经理人兼任薪酬委员会委员的企业经理人报酬—业绩敏感度显著更高，且经理人兼任薪酬委员会委员与更高的报酬—业绩敏感度之关联主要出现在相对薪酬较高、相对业绩较好和公司所在地区市场化程度相对较低的公司之中。金玉娜（2019）以 2010—2015 年上市公司为样本，实证研究发现我国上市公司存在“薪酬能力业绩敏感性”和“薪酬运气业绩敏感性”，有效的内部控制能够提高“薪酬能力业绩敏感性”，降低“薪酬运气业绩敏感性”。进一步研究表明，内部控制抑制“薪酬运气业绩敏感性”的作用仅在高管权力较低、产品市场竞争程度较高的公司中显著存在。杜闪、王生年（2019）的实证结果显示，高管薪酬信息披露对薪酬—业绩敏感性的影响存在非对称性，高管薪酬信息披露降低了薪酬激励不足公司的薪酬—业绩敏感性，提升了薪酬激励过度公司的薪酬—业绩敏感性。进一步研究发现，高管薪酬信息披露通过薪酬攀比降低薪酬—业绩敏感性，通过投资效率提升薪酬激励过度公司的薪酬—业绩敏感性。结论表明，高管薪酬信息披露有可能促进高管积极表现提升薪酬激励效率，也有可能导致高管的不作为降低薪酬激励效率。王东清、刘艳辉（2016）以我国 A 股上市公司为研究样本，基于薪酬辩护，考察管理层权力对薪酬—业绩敏感性的影响。实证结果表明，企业高管利用手中权力获取超额薪酬、谋取私利的同时，会通过提升薪酬—业绩敏感性为自身薪酬进行辩护，形成薪酬契约合理有效的表象。

部分文献将相关研究扩展到非国有企业中，陈晓珊、刘洪铎（2019）研究发现，提高混合所有制企业的民营化程度会显著增强高管薪酬—业绩敏感性。进一步分析发现，混合所有制企业中非国有股比例小于 67% 时，提高民营化程度会降低高管的薪酬—业绩敏感性；非国有股比例介于 67%—75% 之间时，提高民营化程度对高管薪酬—业绩敏感性没有显著影响；非国有股比例大于 75% 时，提高民营化程度会提升高管的薪酬—业绩敏感性。蔡贵龙、柳建华、马新啸（2018）研究发现：首先，单纯的非国有股东持股对高管薪酬—业绩敏感性无显著影响，但非国有股东向国有企业委派高管有利于改善国有企业高管的薪酬—业绩敏感性。其次，非国有股东对高管薪酬—业绩敏感性的提升作用在竞争性国有企业和处于较低市场化程度地区的国有企业中更加显著。最后，非国有股东委派高管参与国有企业治理能有效抑制国有企业高管的超额薪酬和超额在职消费。并得出，混合所有制改革不能仅停留在资本层面的混合，还需确保非国有股东在国有企业经营管理中具有一定的影响力，才能更好地发挥民营资本的监督和治理作用。赵乐、王琨（2016）研究发现，股权分置改革后非国有企业的高管薪酬—业绩敏感度显著提高，并且只有在公司治理结构完善的公司，该积极作用才能显现出来。

二、高管薪酬—规模敏感性的相关文献

国外大量的实证研究都发现，公司规模是高管薪酬的重要影响因素，规模与薪酬之间存在显著的正相关关系（Baker，Jensen and Murphy，1988；Cosh and Hughes，1997；Zhou，2000；Kaplan，1994，1997；Kato，1997）。但直接研究高

管薪酬—规模敏感性的文献相对较少，Baker，Jensen and Murphy（1988）对美国1973—1983年公司销售规模与CEO现金报酬的关系进行研究发现，他们之间存在显著正相关关系，并且薪酬—销售规模弹性为0.3。Kostiuk（1989）对美国73家大公司1968—1981年的经营情况研究发现，这些公司高管人员的年度薪水加上红利对公司销售规模弹性在0.02—0.25。Murphy（1985）使用了延迟报酬和股票期权这些更宽泛的报酬进行研究，也得出薪酬—规模弹性在0.3的类似结论。

国内最早针对高管薪酬进行实证研究的是李增泉（2000）和魏刚（2000）。这两篇论文都得出基本相同的结论，即我国高级管理人员的年度报酬与上市公司的经营业绩并不存在显著的正相关关系，但年度报酬与企业规模存在显著的正相关关系。在此之后，针对高管薪酬的研究大量涌出，这些实证文献基本都得出较为一致的结论，即公司规模是影响我国上市公司高管薪酬的重要因素。陈震、丁忠明（2009）通过量化分析大致估算出，规模对薪酬的影响远大于业绩对薪酬的影响，规模薪酬大约是业绩薪酬的40—65倍。

已有文献虽然发现公司规模是影响高管薪酬的重要因素，但国内专门针对高管薪酬—规模敏感性进行研究的文献非常少，仅有极少数的文献研究了高管薪酬—规模敏感性。陈震（2008）利用我国上市公司2001—2004年度的数据回归发现，高管薪酬与公司总资产之间的弹性为0.215848，将公司规模换成主营业务收入重新作回归，得出高管薪酬与主营业务规模的弹性为0.167978，所得数据低于Murphy（1985）和Baker，Jensen和Murphy（1988）美国公司报酬—规模弹性0.3的结论，但与在Kostiuk（1989）研究发现的美国73家大公司销售规模弹性0.02—0.25较为一致。

此外，陈震、汪静（2014）研究得出，我国上市公司高管会利用管理层权力，提高高管薪酬—规模敏感性，不但可以降低高管的薪酬风险，还可以获得薪酬不断上升的刚性。在将公司成长性纳入研究后发现，企业所处的成长性环境对薪酬—规模敏感性有深刻影响，即企业的高成长环境能强化市场竞争对薪酬契约的治理作用，与市场竞争共同作用能降低高管薪酬—规模敏感性。

三、产品市场竞争的相关文献

按产品市场竞争在研究中所处的位置，可以将产品市场竞争的已有相关文献分为两类：一类是将产品市场竞争作为环境变量，研究在不同的产品市场竞争背景下，公司的财务行为与经营管理效率。另一类是直接将产品市场竞争作为解释变量，研究市场竞争程度对公司内部治理的影响。

（一）将产品市场竞争作为环境变量

这一类文献通常是把产品市场竞争作为环境变量，研究另外一个因素对公司财务行为和效率的影响。林李阳（2019）将产品市场竞争作为环境的调节变量，研究高管层内部薪酬差距对非效率投资的影响，研究结果表明高管层内部薪酬差距对企业投资过度和投资不足，这两种非效率投资行为均具有抑制作用。产品市场竞争越激烈，高管层内部薪酬差距对非效率投资的作用越有限。黄忠（2018）研究了产品市场竞争、研发投入与企业绩效的关系，得出产品市场竞争对研发投入与企业当期绩效的关系存在正向调节作用，在高新技术企业中产品市场竞争的调节效应更加显著。于颖倩（2018）对产品市场竞争、会计稳健性与企业过度投资之间的关系进行了研究，结果表明产品市场竞争会减弱会计稳健性对企业过度投资的治理作用。

（二）将产品市场竞争作为解释变量

这一类文献主要是研究产品市场竞争与公司治理之间的关系。国外的文献有，Alchian（1950）认为当企业面临激烈的产品市场竞争时，会提升内部治理水平，以维持良好业绩，因此，产品市场竞争是对公司内部治理的一种有益补充。Meyer（1995）认为外部产品市场竞争会影响企业内部治理的最优机制，最完善的企业治理机制应当是将内部治理与产品市场竞争机制等外部制度相结合。Holmstrom 和 Milgrom（1987）研究产品市场竞争与内部治理机制之间的关系，认为二者之间是互补关系。Fama 和 Jensen（1983）发现当产品市场竞争程度较高时，内部治理效率低下的公司将被淘汰，因此认为产品市场竞争能够促进内部治理效果的提升，二者成互补关系。与此相反，也有学者研究认为产品市场竞争与公司内部治理之间存在替代关系。Randøy 和 Jenssen（2004）认为激烈的产品市场竞争足以替代公司董事会发挥监督作用。Giroud 和 Mueller（2011）研究认为，只有当所在行业产品市场竞争程度较低时，公司内部治理才会发挥其治理有效性；当产品市场竞争程度较高时，公司内部治理水平会下降，说明二者之间是一种替代关系。

国内学者对产品市场竞争与公司内部治理之间关系的研究比国外要晚许多。蒋荣、陈丽蓉（2007）认为充分的产品市场竞争能够对高管行为起到较好的监督和约束作用，但同时认为，产品市场竞争并非总是有效，当竞争十分激烈时，高管的变更与产品市场竞争不再相关。牛建波、李维安（2007）从企业所有权集中度和董事会等内部治理的角度研究发现，产品市场竞争与内部治理之间成互补关系。姜付秀、黄磊、张敏（2009）研究发现，将外部产品市场竞争与公司内部治理机制相结合，能够有效抑制企业的代理成本，并且该联合机制发挥作用的方式随着竞争程度的不同而有所差别。张功富（2009）认为，产品市场竞争的破产清算威胁对我国上市公司高管的直接约束作用较小，且置信度较低，产品市场竞争对企业高管投资行为的约束作用是来自于其对企业大股东的影响，迫使大股东加强对企业高管的监督，从而抑制高管的过度投资行为。张永冀、炎晓阳、张瑞君（2014）从战略转移定价角度研究了产品市场竞争与内部治理机制之间的替代关系，实证研究发现，当产品市场竞争程度较低时，公司会更多地进行内部交易，推高产品成本并获取垄断利润；而当产品市场竞争激烈时，公司则会减少内部关联交易。

（三）产品市场竞争与高管薪酬

直接研究产品市场竞争与高管薪酬的文献相应较少。国外文献有，Meyer 和 Vikcers（1997）研究认为，产品市场竞争能够传递有关企业产出的信息，这些信息能够反映高管的个人能力和努力程度，在此前提下，为了自身市场价值，高管会努力工作提升业绩，以期获得高额报酬。Schmidt（1997）认为，一方面，产品市场竞争会使行业内平均利润下降，高管薪酬随企业业绩的下滑而减少；另一方面，激烈的产品市场竞争增加了高管的工作成本，高管需要加倍努力工作才能保证企业良好业绩，此时企业会因为高管增加了工作成本，而给予高管较高的薪酬。国内研究有，宋常、黄蕾（2008）选取 2006 年中国上市公司数据，以产品市场竞争为出发点，将公司治理绩效、经理人薪酬与经理人市场竞争度联系起来进行实证分析。研究发现激烈的产品市场竞争能够提高高管薪酬，产品市场竞争度不仅有利于改善公司治理绩效，而且能够通过较高的薪酬选拔合乎企业要求的优秀人才。梁英（2011）发现产品市场竞争提高了高管报酬的激励效果，与国有企业相比，产品市场竞争对非国有企业高管报酬激励效果的提高更为显著；与竞争弱的行业相比，在竞争强的行业里高管报酬的激励效果更好。研究结论认为，在建立健全企业高管报酬激励机制的同时，也应建立有效的市场竞争机制，这样才能更好地发挥报酬激励机制的作用。徐宏忠、万小勇、连玉君（2012）认为随着产品市场竞争程度的加剧，高管薪酬也会增加。

但是，也有学者研究发现，产品市场竞争与高管薪酬之间的关系是不确定的。刘金岩、牛建波（2008）研究发现，产品市场竞争对高管薪酬的影响存在一个阈值，当竞争程度达到这一阈值时，产品市场竞争与高管薪酬之间才出现正相关关系，并且这种影响在民营控股企业中比在国有控股企业中更强烈。

第三节 理论分析与研究假设

一、产品市场竞争对高管薪酬敏感性的影响

（一）产品市场竞争对高管薪酬—业绩敏感性的影响

由于高管的能力和努力程度难以被直接观察，股东通常会选择与高管能力、努力相关的指标作为高管薪酬的影响因素。在众多的高管薪酬影响因素中，业绩指标是最为重要的指标，是联系公司股东利益和高管利益的重要纽带，如果业绩指标上升，企业价值和公司股东利益会随之上升，给予高管的薪酬也会上升。但业绩指标包含了大量的噪声，产品市场竞争对于降低业绩指标中的噪声大有帮助。当行业内企业数量较多，产品市场竞争程度较高时，该行业内的企业业绩会受到共同的外部市场因素的影响，如果将行业内的企业业绩加以横向比较，就容易消除业绩信息中所包含的外部因素的影响，从而较为准确地识别出高管的个人能力和努力程度的有关信息。因此，当企业所处行业产品市场竞争较为充分时，产品市场竞争传递的有关高管个人能力和努力程度的信息能够降低股东和高管之间的信息不对称。

林毅夫（1997）研究证实，在产品市场竞争充分的前提下，只要将企业的利润与所在行业平均利润相比较，就可以得到关于该企业经营业绩与高管努力程度的信息。股东能从企业所处行业的市场竞争程度中，获得较为准确的高管信息，降低了信息不对称程度，使得薪酬契约中的业绩指标能更好地发挥其测度作用。在这种背景下，业绩指标具有较高的信息质量，理智的股东更愿意增加高管薪酬中的业绩指标权重，提高业绩对高管的激励效应。

此外，除信息传递机制外，破产清算威胁和信誉激励的作用，也会在较高

的产品市场竞争环境下更有效。激烈的产品市场竞争会使企业面临更大的业绩下滑压力和破产清算威胁，业绩下滑会对高管的声誉产生负面影响。因此，当产品市场竞争程度较高时，为了使企业避免被破产清算，并维持自身良好声誉，高管将约束自己的自利行为，高管付出更多的努力提高企业业绩成为他的理性选择。此时，股东和高管的利益将更加一致，股东愿意提高薪酬契约中的业绩指标权重，增强高管薪酬的业绩敏感性，以期增强对高管的激励作用，高管也希望提高业绩指标权重，实现对自己努力行为的补偿。

通过上面的分析可知，充分的产品市场竞争能够降低信息不对称性，提高业绩指标的质量，这使得股东更愿意提高高管薪酬的业绩敏感性，增加业绩指标的权重，以期高管薪酬契约能更好地发挥出激励作用。由此，本章提出以下假设：

假设 4－1：随着产品市场竞争程度的上升，企业的高管薪酬—业绩敏感性将随之增加。

（二）产品市场竞争对高管薪酬—规模敏感性的影响

已有研究发现，高管可能会为了追求个人利益，利用手中权力，影响薪酬的制定，增加规模因素在薪酬契约中的权重来获取私利（陈震、丁忠明，2011）。公司高管对规模追求的内在动因在于，与高管影响公司业绩相比，高管更容易对公司规模实施控制。他们更倾向于将公司规模纳入到自己的薪酬补偿契约中。Kroll，Simmons 和 Wright（1990）研究发现，公司兼并可以使得规模骤增，公司兼并是高管乐意追求的目标之一，即使兼并导致公司业绩恶化，但是兼并后规模的扩大仍然可以使高管人员获得更大的薪酬收入。同时，高管是风险厌恶者，对规模的追求可以使得他们的补偿组合，同公司绩效在最大程度上相分离，同相对稳定的公司规模因素联系起来降低自身薪酬风险（Kroll，Wright and Theorathorn，1993）。此外，不断扩张的公司规模可以给公司高管人员带来更高的薪酬，使得薪酬具有不断增加的刚性。这样一来，原本为了缓解委托—代理矛盾的高管薪酬契约，反倒有可能成了公司代理问题的一部分。

产品市场竞争作为一个公司外部的治理机制，对于高管的自利行为可以实现一定程度的约束。宋常、黄蕾（2008）经过实证研究发现，当产品市场竞争程度较高时，竞争可以代替董事会发挥监管作用，对高管滥用权力的行为加以限制。谭庆美、魏东一（2014）研究认为，高程度的产品市场竞争能够更有效地激励高管努力工作，对高管利用权力寻租的行为实施有效的监控和约束，从而缓解委托—代理矛盾。陈震、汪静（2014）针对产品市场竞争与高管薪酬—规模敏感性进行研究，研究发现我国上市公司高管会利用管理层权力，提高高管薪酬—规模敏感性，降低高管的薪酬风险，制定出利己的薪酬契约；而产品市场竞争作为重要的外部治理机制，能降低薪酬—规模敏感性，有利于抑制高管的自利行为。此外，陈震、汪静（2014）还发现，企业所处的成长性环境对薪酬—规模敏感性有深刻影响，企业的高成长环境能强化市场竞争对薪酬契约的治理作用，与市场竞争共同作用降低薪酬—规模敏感性。

同时，如前所述，在激烈的产品市场竞争环境下，企业业绩能够较为准确地反映高管个人能力和努力程度，股东在制定高管薪酬时更愿意提高业绩指标权重，相对应的就会降低规模这一变量的权重。

通过上面的分析可知，一方面，在竞争激烈的产品市场环境中，竞争通过比较相对业绩的方式，传递出有关高管行为和努力程度的相关信息，股东和高管之间的信息不对称被降低，高管利用自身权力增加薪酬—规模敏感性的自利行为受限。另一方面，在产品市场竞争程度高的环境下，公司业绩与高管努力程度的相关性增大，规模指标在薪酬契约中的重要性下降，股东就更愿意增加高管薪酬的业绩指标权重，并相应减小规模指标的权重。因此，产品市场竞争程度越高，高管薪酬的规模敏感性会越小。根据以上分析，提出以下假设：

假设4-2：随着产品市场竞争程度的上升，企业的高管薪酬—规模敏感性将随之下降。

二、产品市场竞争与国有企业高管薪酬敏感性

（一）国企高管薪酬中的业绩敏感性与规模敏感性

1. 国有企业高管薪酬契约

改革开放前，我国计划经济背景下产生的国有企业重视对国企高管的精神激励和行政晋升，物质激励相应不被重视。改革开放后，我国国有企业进行了一系列探索，包括让利放权、承包制、租赁制等改革，在此过程中，国有企业负责人的薪酬激励机制逐步被完善起来。自2003年以来，国资委对于中央企业负责人经营业绩考核工作先后颁布了《中央企业负责人经营业绩考核办法》（国资委令第2号、第17号）、《中央企业负责人年度经营业绩考核补充规定》和《中央企业负责人任期经营业绩考核补充规定》，并对中央企业负责人实施了六

个年度和两个任期的经营业绩考核。国资委首次提出将央企负责人的业绩考核结果与奖惩相挂钩，这一业绩考核办法体现了以企业业绩为导向的高管薪酬制度设计理念。该办法先后经历了多次修订，央企负责人的薪酬管理逐步制度化和规范化。2016 年新修订的《中央企业负责人经营业绩考核办法》则进一步加强了央企负责人业绩考核与薪酬激励的关系。我国各级国有资产管理委员会针对所辖区的国有企业负责人颁布了相应的《薪酬管理暂行办法》和《业绩考核暂行办法》，这些办法规定了我国国有企业高管薪酬应当由基础薪金、绩效薪金和中长期激励薪酬组成。基础薪金的确定因素包括企业规模、经营管理难度、所承担的社会责任以及所在地区平均工资、同行业内的平均工资、本企业的平均工资。而绩效薪金和中长期激励薪酬则与企业业绩挂钩，在基础薪金的基础上，按照企业的年度业绩加以考核认定。这一办法使得国有企业负责人的薪酬与企业业绩的关系变得更加紧密。

由于我国国有企业有着特殊的发展历程和现实使命，使得国有企业高管薪酬的激励机制又受到非经济因素的羁绊。一方面，国有企业作为我国市场经济的重要参与者，有追求利润最大化的动机；另一方面，国有企业承担着诸如就业、税收、抗震救灾等方面的社会责任，它是国家实施宏观调控和执行产业政策的主要工具，承担着非国有企业不能承担、不愿承担或者不适合承担的责任。国有企业需要兼顾经济效益与社会效益的双重目标，这将导致国有企业在某种程度上偏离股东财富最大化的经济目标。Bai 等（2005）发现，国有企业目标的多元化将加大高管激励与企业目标相统一的难度，导致高管薪酬激励的强度降低。陈信元等（2009）发现，当国有企业行为体现政府的行政干预和多元化的社会目标时，纯粹基于企业业绩的薪酬安排，将在某种程度上无法得到推行。

但是，这并不意味着企业业绩对国有企业高管来说不重要。这是因为，在完成国有企业所承担的阶段性的政策性目标后，国有企业高管薪酬、行政级别、职位的稳定性，以及政治前途都与国有企业经营业绩密切相关（薛云奎、白云霞，2007）。国有企业业绩的下滑可能会导致企业高管的离任和变更（龚玉池，2001；朱红军，2002），也使得国有企业高管不得不关注企业业绩。此外，随着市场化改革的进一步深入、政府让利放权以及国有企业高管经营自主权的扩大，企业业绩对国有企业高管薪酬以及政治升迁的重要性也逐步增加。

2. 国有企业高管的薪酬—业绩敏感性

具体到国有企业高管的薪酬—业绩敏感性和薪酬—规模敏感性。就国企高管薪酬—业绩敏感性而言，国有企业的政治关系与高管的非薪酬补偿，会降低国企高管薪酬与业绩的敏感性。国有企业承担更多的社会责任与任务的多样性，迫使高管在经济目标与非经济目标上都要付出努力，但高管在非经济目标上的努力很难获得足够的薪酬补偿，这就降低了薪酬与高管努力之间的相关度；再加之政府对部分国有企业高管的薪酬管制，进一步弱化了薪酬激励的有效性，国有企业高管可能会寻求薪酬之外的补偿。陈冬华等（2005）发现，在国有企业薪酬管制的背景下，在职消费成为高管薪酬的替代性选择；陈信元等（2009）发现国有企业的薪酬管制会增加高管腐败的概率。同时，国有企业高管的任命多是由政府来完成，一定职位的高管不但可以获得薪酬收入，还可能拥有与薪酬相比更为重要的政治前途，这导致了国有企业高管的激励方式、内容和效果比非国有企业要复杂得多。因此，相对于国有企业而言，非国有企业高管的薪酬激励更为单一且目标明确，其高管的薪酬—业绩敏感性更加有效。

3. 国有企业高管的薪酬—规模敏感性

在我国国有企业改革进程中，大多数国有企业的重组是其资产所有者实施行政捏合的产物，这些重组除了具有兼并重组的一般经济功能外，有时还兼具社会效益的特殊目的。在这种情况下，国有企业规模的扩大并非是市场主体的自主行为，而是行政干预的结果，重组整合后的国有企业效益并不一定得到提升。已有研究表明，我国上市公司进行整体并购重组扩张时，重组前后企业的绩效并没有显著提高（李善民、李珩，2003）。就目前国有企业重组的结果来看，虽然国有企业资源得到重组，但其企业的委托—代理关系没有发生实质性变化。国有企业重组表面上显著提升了企业短期效益，而实际上，除了国有企业中的垄断企业外，国有企业的重组收益比非国有企业低（周卫平，2015）。前面分析已知，企业高管为了获得更加稳定的薪酬，会利用手中权力增加薪酬—规模敏感性。但与非国有企业高管相比，有较多行政干预的国有企业，其高管对自身薪酬—规模敏感性的自主控制能力相对要弱得多。国有企业规模扩张通常有其主管机关和政府决定的特性，使得国企高管通过增加自身薪酬—规模敏感性来获利的机会和可能性都会降低，国有企业中高管的这种自利行为将受到一定抑制。

（二）产品市场竞争对国企高管薪酬敏感性的影响

由于委托—代理关系的存在和高管的自利倾向，在缺乏有效公司治理的情况下，高管会表现出偷懒等机会主义行为。而充分的产品市场竞争通过信息传递、破产清算威胁以及声誉激励等机制能够对高管的偷懒行为起到有效的监督和遏制作用，进而约束其机会主义行为，激励其努力工作。产品市场竞争的这一治理效应，对于参与市场竞争的国有企业也同样存在。张伟华、郭盈良、王春燕（2017）通过实证研究发现，国有企业所处的产品市场竞争环境越激烈，其高管薪酬激励作用越有效。

在市场化改革的进程中，我国国有企业高管薪酬在制度设计上已逐步体现出业绩导向性。随着市场化改革的进一步深入，我国国有企业面临着与同行业其他企业的激烈竞争。在这种竞争环境中，充分的产品市场竞争能够通过比较相对绩效的方式，传递出有关国有企业高管行为和努力程度的有效信息。相对于非国有企业，激烈的产品市场竞争对国有企业高管薪酬—业绩敏感性的增强效果可能更有效（刘志强，2015）。充分的产品市场竞争能进一步促进国有企业高管的薪酬制度的市场化改革，使得其业绩导向性更强，业绩敏感性增大。因此，无论是在国有企业还是非国有企业中，产品市场竞争程度越高，其高管薪酬—业绩敏感性会越大。

通过前面的理论分析可知，产品市场竞争传递出的有关高管行为和努力程度的信息，使得高管的自利行为受到更多约束，高管通过增加自身薪酬—规模敏感性来降低薪酬风险的行为受限，因而充分的产品市场竞争使得企业高管薪酬的规模敏感性减小。但在我国国有企业改革进程中，由于国有企业所肩负的社会责任，在一定程度上，企业经济绩效并不是决定国有企业是否重组的唯一标准，政府可能为了绩效之外的目的而推动国有企业重组。因此，引起国有企业规模扩张的重组并购，通常为上一级主管部门行政捏合的产物，国有企业高管想利用自身力量去主导重组的概率不大，高管通过增加薪酬—规模敏感性的方式，来获取稳定薪酬的机会和可能性较低。在这种情况下，与非国有企业相比，充分的产品市场竞争对国有企业高管薪酬—规模敏感性的约束效果就不那么明显。因此，充分的产品市场竞争能够降低非国有企业高管薪酬—规模敏感性，实现其对高管薪酬契约的治理效应，但并不能显著降低国有企业高管薪酬—规模敏感性。

根据以上分析，本章提出以下假设：

假设4－3：在非国有企业中，充分的产品市场竞争，能提高高管薪酬的业绩敏感性，同时降低规模敏感性。

假设4-4：在国有企业中，充分的产品市场竞争，能提高高管薪酬的业绩敏感性，但不能降低规模敏感性。

第四节　研究模型与实证检验

一、模型构建与变量说明

在借鉴已有文献研究模型的基础上，本章构建了模型（4-2），用于检验前面提出的假设4-1，假设4-2，假设4-3和假设4-4。

$$LnW = \beta_0 + \beta_1 HHI + \beta_2 Roe \times HHI + \beta_3 Size \times HHI + \beta_4 Roe + \beta_5 Soe + \beta_6 Size + \beta_7 Growth + \beta_8 Lev + \sum \beta_i Industry + \sum \beta_j Year + \varepsilon \quad (4-2)$$

（一）被解释变量

LnW，代表高管薪酬水平，取样本公司每年末披露的前三名高管薪酬平均值的自然对数。

（二）解释变量

Roe，代表企业业绩，采用样本公司每年末披露的净资产收益率。

HHI，代表产品市场竞争程度。产品市场竞争的计量方式较多，目前没有一个统一的衡量指标。产业组织理论的研究最常选用市场集中度比率（CRn）、交叉价格弹性等来衡量产品市场竞争程度。但市场集中度比率无法度量单个企业的产品市场竞争强度；交叉价格弹性则因企业定价资料难以取得而较难计量。

一般而言，产品市场竞争程度可从行业层面加以衡量，也可从企业微观层面来衡量。而国内外学者对产品市场竞争的度量方法也是多样的。如刘志彪、姜付秀、卢二坡（2003）运用企业数目、赫芬达尔指数（HHI）以及企业销售额对竞争对手竞争行为的敏感度三个指标来衡量产品市场竞争强度。朱武祥、郭洋（2003）则用行业主营利润率指标来衡量。而Haushalter等（2007）使用了四个指标来衡量产品市场上的竞争，包括赫芬达尔指数、行业前四大公司集中度、行业内企业间技术的相似程度以及企业与行业股票回报率的相关程度。也有学者单从企业微观层面考虑（Nickell，1996），选取单个企业的主营业务利润率（OPE）来衡量产品市场竞争。其认为该指标在一定程度上可作为企业的“垄断租金”，某一行业中各企业的主营业务利润率普遍较高，即垄断租金较高，则说明行业的垄断性较高，进入该行业较难，竞争性也就较低。而姜付秀等（2008）则用主营业务利润率、应收账款周转率以及存货周转率的综合指标来分析单个企业的产品市场竞争。基于上述文献对产品市场竞争指标选取以及数据可获取性的考虑，本章选择赫芬达尔指数这一指标作为产品市场竞争的衡量指标。

赫芬达尔指数是指一个行业中所有企业市场份额的平方和，其计算公式为：$HHI = \sum(xi/\sum xi)^2$。其中，xi 表示某一行业中第 i 家企业的销售额，用主营业务收入来衡量。基于未上市公司的数据难以取得，以及已上市公司的规模相对而言较大，本书选取同一行业内所有上市公司的数据来计算该指标。赫芬达尔指数用于衡量行业市场份额的集中度。当某一行业该指数越小时，说明该行业内同等大规模的企业越多，行业集中度越低，产品市场竞争也就越加激烈；反之，当赫芬达尔指数越大时，行业的竞争程度则越低。

Size 代表企业规模，用样本公司期末总资产的自然对数作为衡量指标。

Roe × HHI 是企业业绩与产品市场竞争程度的交乘项，其系数 β_2 的符号代表了产品市场竞争程度对高管薪酬—业绩敏感性的影响。具体来说，当系数 β_2 为正数时，表示充分的产品市场竞争增强了高管薪酬—业绩敏感性，使得薪酬契约的业绩导向性更强；而当 β_2 为负数时，表明产品市场竞争减小了高管薪酬—业绩敏感性，此时薪酬契约将达不到应有的激励效果。根据前面的论述以及据此提出的假设 4 - 1，本章预测 β_2 的符号为正。

Size × HHI 是企业规模与产品市场竞争程度的交乘项，其系数 β_3 的符号代表了产品市场竞争程度对高管薪酬—规模敏感性的影响。具体来说，当系数 β_3 为负数时，表示充分的产品市场竞争削弱了高管薪酬—规模敏感性，使得薪酬契约中规模权重降低，薪酬激励更加合理；而当 β_3 为正数时，表明产品市场竞争增强了高管薪酬—规模敏感性，此时薪酬契约设计不合理。根据前面分析以及据此提出的假设 4 - 2，本章预测 β_3 的符号为负。

（三）其他控制变量

Growth 代表企业成长性，用主营业务收入增长率作为其衡量指标；Soe 是一个代表企业股权性质的虚拟变量，当企业为国有企业时，取 1，当企业为非国有企业时，取 0；Lev 代表资产负债率，即期末负债总额除以资产总额。除以上控制变量外，本模型还对行业 Industry 和年份 Year 进行了控制。

主要变量说明表如表 4 - 1 所示。

表 4 - 1　　主要变量说明表

<table>
<tr><th>变量类型</th><th>变量名称</th><th>指标</th><th>定义</th></tr>
<tr><td>被解释变量</td><td>高管薪酬</td><td>LnW</td><td>每年末披露的前三名高管薪酬平均值的自然对数</td></tr>
<tr><td rowspan="5">解释变量</td><td>企业业绩</td><td>Roe</td><td>每年末披露的净资产收益率</td></tr>
<tr><td>产品市场竞争</td><td>HHI</td><td>赫芬达尔指数的倒数</td></tr>
<tr><td>企业规模</td><td>Size</td><td>期末总资产的自然对数</td></tr>
<tr><td>业绩和产品市场竞争交乘项</td><td>Roe × HHI</td><td>企业业绩与产品市场竞争交乘项</td></tr>
<tr><td>规模和产品市场竞争交乘项</td><td>Size × HHI</td><td>企业规模与产品市场竞争交乘项</td></tr>
<tr><td rowspan="5">控制变量</td><td>企业成长性</td><td>Growth</td><td>主营业务收入增长率</td></tr>
<tr><td>股权性质</td><td>Soe</td><td>企业为国有企业时，取 1，当企业为非国有企业时，取 0</td></tr>
<tr><td>资产负债率</td><td>Lev</td><td>期末负债总额除以资产总额</td></tr>
<tr><td>年份</td><td>Year</td><td>代表所在年份</td></tr>
<tr><td>行业</td><td>Industry</td><td>代表所在行业</td></tr>
</table>

本章选取了 2011—2018 年 A 股上市公司作为研究样本，在选取样本时，按下列条件进行了筛除：（1）由于金融行业的特殊性，将金融行业的企业剔除；（2）剔除了有 ST、PT 的公司；（3）剔除了有数据缺失的公司；（4）剔除了数据明显有误的公司，最终得到 18878 个样本。本章用于研究的数据来源于国泰安数据库，用 Excel、Stata 软件对数据进行了处理。

二、实证检验

（一）描述性统计

本章对模型（4 - 2）进行了描述性统计，结果如表 4 - 2 所示。

表4－2　　主要变量描述性统计

变量	平均值	标准差	最小值	最大值
LnW	13.277	0.759	3.861	17.246
HHI	0.1109	0.1113	0.0178	0.5618
Roe	0.076	0.0601	－20.948	0.867
Size	21.644	0.948	15.729	23.451
Growth	0.282	0.849	－0.554	21.330
Soe	0.383	0.869	0	1
Lev	0.446	0.579	0.007	0.999

1. 被解释变量

高管薪酬水平LnW。由表4－2可以看出，企业高管薪酬水平LnW均值为13.277，标准差为0.759，最大值为17.246，最小值为3.861。如果将高管薪酬水平LnW还原到取自然对数值之前，会发现我国部分上市公司高管薪酬畸高，不同上市公司之间的高管薪酬差距巨大。

2. 解释变量

产品市场竞争HHI。HHI指标用于衡量产品市场竞争程度，按其值将40个行业升序排列。HHI均值最小的前三大行业依次为化学原料及制品制造业、普通机械制造业与医药制药业，其值介于0.0178—0.0357之间。HHI均值最小的前十大行业中，除综合类与零售业外，其他都是制造业，属于低集中市场，行业竞争相对较为激烈。HHI均值最大的前三大行业依次为石油加工及炼焦业、通信及计算机应用服务业与采选业，其值介于0.3506—0.5618之间，属于高集中市场。

郑适、汪洋（2007）参照美国经济学家贝恩的标准，依据产业集中度指标将整个市场分为六种类型：CR4大于75%的为极高寡占型市场结构，65%—75%之间的为中（上）集中寡占型，50%—65%之间的为中集中寡占型，35%—50%之间的为中（下）集中寡占型，30%—35%之间的为低集中寡占型，30%以下的为原子型市场结构。按郑适、汪洋（2007）所界定的垄断行业主要是指具有极高寡占型市场结构的行业（CR4＞75%），具体包括：能源石化产业中的原油天然气开采业、交通运输业中的铁路运输业和航空运输业、通信产业中的电信行业。与之相对应的完全竞争行业，其被界定为具有原子型市场结构的产业类型（CR4＜30%），具体包括：能源石化产业中的煤炭行业、冶金产业中的钢铁行业和有色金属行业、医药产业、轻工纺织产业、房地产产业、旅游产业。

本章计算出来的结果，与郑适、汪洋（2007）参照美国经济学家贝恩的标准确定的结果基本一致，并且与我国市场的实际情况相符合，这证明了用 HHI 指标来衡量产品市场竞争程度的合理性。产品市场竞争 HHI 的平均值为0.1109，最大值 0.5618，最小值为 0.0178，标准差为 0.1113，从描述性统计结果可以看出，不同行业之间的产品市场竞争程度差异较大。

企业业绩 Roe 均值为 0.076，最大值为 0.867，最小值为 -20.948，如果将 ST 板块纳入样本中，净资产收益率最低的是 ST 巴士，达到 -192.978。剔除 ST 板块，净资产收益率最低的是 2017 年的乐视网（300104），当年每股收益为 -3.4815 元，每股净资产为 0.1662 元，净资产收益率为 -20.9477。剔除 ST 板块，净资产收益率最高的是 2015 年的恺英网络（002517），当年每股收益为 1.17 元，每股净资产为 1.35 元，净资产收益率为 0.8667。表明在样本企业中，企业之间的业绩差别较大。企业规模 Size 均值为 21.644，标准差为 0.948，最大值为 23.451，最小值为 15.729，从统计数据可以看出，我国上市公司之间的规模差距较大。

3. 控制变量

Growth 代表企业成长性，其均值为 0.282，标准差为 0.849，最小值为负值 -0.554，最大值为 21.330，这是由于前一年的主营业务收入的基数太低，导致最大值畸大。从数据可以看出，我国上市公司之间的成长性相差较大。Soe 代表股权性质，其中国有企业 Soe = 1，非国有企业 Soe = 0，Soe 均值为 0.383，可见我国上市公司中，国有企业的数量要少于非国有企业的数量，这与近几年我国推出中小板和创业板，规模较小的非国有企业大量上市有密切关系。杠杆率 Lev 的标准差为 0.579，均值为 0.446，最大值为 0.999，最小值为 0.007。查阅上市公司报表发现，茂化实华（000637）2011 年的年报显示，当年公司全部负债为 516 万元的负债，而总资产却达到 7.286 亿元，其当年末的资产负债率为 0.007。

（二）相关性分析

本章对主要变量进行相关性分析，结果如表 4 -3 所示。

从表 4 -3 的结果可以看出，高管薪酬 LnW 与企业业绩 Roe 显著正相关，这说明样本企业制定高管薪酬契约时，将企业业绩因素纳入了高管的薪酬契约中，将高管薪酬与企业的会计业绩进行了挂钩。同时，高管薪酬 LnW 与企业规模 Size

表4－3　主要变量相关性分析

指标	LnW	Roe	HHI	Size	Growth	Lev
LnW	1					
Roe	0.1296***	1				
HHI	－0.0638*	－0.0025	1			
Size	0.2487***	0.0953**	－0.1706***	1		
Growth	0.0252*	0.186***	－0.0665*	－0.0534*	1	
Lev	0.0069	－0.068*	－0.055*	0.03869*	0.0322*	1

注：*** 代表1%水平上显著，** 代表5%水平上显著，* 代表10%水平上显著。

成显著正相关关系，可能的两个原因是：其一，高管有权力将规模指标纳入薪酬契约中，谋取规模上升带来的薪酬上升的刚性；其二，企业规模指标能够传递出高管能力的信息，当业绩指标传递的信息存在缺陷时，企业规模指标被纳入契约中，实现对业绩指标的必要补充。高管薪酬 LnW 与产品市场竞争程度 HHI 具有负相关关系，可能的原因是随着行业内企业数量增加，行业内的产品市场竞争程度会加剧，此时行业平均利润会下降，在这种情况下，由于企业业绩下滑可能导致高管薪酬随之减少。

此外，从表4－3中还可以看到，产品市场竞争程度 HH 与企业业绩 Roe 成负相关关系但不显著，可能的原因是当某一行业有利可图时，进入行业的企业数增加，相应地产品市场竞争程度增大，导致行业平均利润下降。同时，产品市场竞争程度 HHI 与企业规模 Size 之间显著负相关。一方面，垄断行业企业的规模通常很大，而这类企业的产品市场竞争程度较低；另一方面，产品市场竞争程度较高的行业通常有着较多的中小企业。产品市场竞争程度 HHI 与企业资产负债率 Lev 显著负相关，可能是由于激烈的产品市场竞争对企业形成破产清算的威胁，企业为降低财务风险，会相应减少债务筹资，使得杠杆率下降。产品市场竞争程度 HHI 与企业成长性 Growth 之间显著负相关，可能是由于当一个行业有利可图时，进入该行业的企业会逐渐增多，产品市场竞争也会随之加剧，行业内平均利润率下降，企业收入增长率下降，导致企业成长性降低。

（三）回归检验

本章用 Stata 软件对模型进行了全样本回归分析，在分析过程中，将模型(4－2)进行了变形，采取逐步放入解释变量的方法，分为四组回归，具体变形后的模型如下：

（1）$LnW = \beta_0 + \beta_3 Roe + \beta_4 Soe + \beta_5 Size + \beta_6 Growth + \beta_7 Lev + \sum \beta_i Industry + \sum \beta_j Year + \varepsilon$

（2）$LnW = \beta_0 + \beta_1 Roe \times HHI + \beta_3 Roe + \beta_4 Soe + \beta_5 Size + \beta_6 Growth + \beta_7 Lev + \sum \beta_i Industry + \sum \beta_j Year + \varepsilon$

（3）$LnW = \beta_0 + \beta_2 Size \times HHI + \beta_3 Roe + \beta_4 Soe + \beta_5 Size + \beta_6 Growth + \beta_7 Lev + \sum \beta_i Industry + \sum \beta_j Year + \varepsilon$

（4）$LnW = \beta_0 + \beta_1 Roe \times HHI + \beta_2 Size \times HHI + \beta_3 Roe + \beta_4 Soe + \beta_5 Size + \beta_6 Growth + \beta_7 Lev + \sum \beta_i Industry + \sum \beta_j Year + \varepsilon$

第（1）组，去掉模型（4－2）自变量中企业业绩与产品市场竞争程度的交乘项 Roe×HHI 和企业规模与产品市场竞争程度的交乘项 Size×HHI；第（2）组，去掉模型（4－2）中的企业规模与产品市场竞争程度的交乘项 Size×HHI；第（3）组，去掉模型（4－2）中的企业业绩与产品市场竞争程度的交乘项 Roe×HHI；第（4）组，对模型（4－2）全变量回归。在回归时没有将产品市场竞争的替代变量 HHI 单独纳入模型中，这是因为纳入该变量后，模型表现出强烈的共线性，影响回归结果的可靠性。回归分析结果在表4－4中列示。

表4－4　　产品市场竞争与两类高管薪酬敏感性的回归结果

指标	第（1）组	第（2）组	第（3）组	第（4）组
自变量	LnW	LnW	LnW	LnW
Roe	0.4224*** （4.60）	0.4065*** （4.75）	0.4243*** （4.21）	0.4067*** （4.36）
Size	0.2762*** （25.63）	0.2681*** （26.33）	0.2818*** （27.52）	0.2786*** （25.78）
Roe×HHI	—	0.0162*** （3.65）	—	0.0155*** （4.21）
Size×HHI	—	—	－0.0026*** （4.36）	－0.0022*** （5.13）
Growth	0.0392** （2.51）	0.0276** （2.12）	0.0362** （2.36）	0.0299** （2.19）
Lev	－0.2322*** （4.36）	－0.2365*** （4.61）	－0.2487*** （4.55）	－0.2798*** （4.39）

续表

指标	第（1）组	第（2）组	第（3）组	第（4）组
Soe	-0.0687 (0.35)	-0.0652 (0.41)	-0.0674 (0.52)	-0.0533 (0.62)
Year	控制	控制	控制	控制
Industry	控制	控制	控制	控制
Constant	10.3223*** (9.75)	9.715*** (9.89)	9.4732*** (9.62)	10.496*** (8.97)
R-squared	0.2635	0.2566	0.2580	0.2682

注：表中所示变量回归结果中上行为回归系数值，括号值为其 t 值。***、**、*分别表示估计系数在为1%、5%、10%的水平上显著，均为双尾检验。

从第（1）组回归结果可以看出，企业业绩 Roe 和企业规模 Size 回归系数分别为0.4224 和0.2762，均与高管薪酬 LnW 成正相关关系，在0.01 水平上显著，这与已有关于高管薪酬的实证文献研究的结果基本一致。研究结果表明，企业在制定高管薪酬契约时，会考虑将业绩因素和规模因素都纳入契约中，这样的契约设计是符合契约博弈双方利益的。

从第（2）组回归结果可以看出，加入企业业绩 Roe 与产品市场竞争程度 HHI 的交乘项 Roe × HHI 后，该交乘项与高管薪酬 LnW 之间的相关系数为0.0162，在0.01 水平上显著为正。再看第（4）组含有两个敏感性指标的完整模型的回归结果，同样可以看出企业业绩 Roe 和产品市场竞争程度 HHI 的交乘项 Roe × HHI 与高管薪酬 LnW 之间的相关系数为0.0155，也在0.01 显著性水平上为正，不论是第（2）组还是第（4）组的回归结果都表明，随着产品市场竞争程度的提升，高管薪酬—业绩敏感性会随之增加。

之所以出现这种回归结果的原因是，产品市场竞争的提高能够传递有关高管行为和努力程度的更准确的信息，在这种背景下，增加高管薪酬契约中的薪酬—业绩敏感性，有利于增强对高管的激励作用。此外，产品市场竞争还会使企业面临破产清算威胁，对高管产生声誉激励，当产品市场竞争充分时，高管的自利行为将受到约束，高管会更加努力工作以提高业绩。回归结果证实了假设4-1，即随着产品市场竞争程度的提高，高管薪酬—业绩敏感性会随之增加。

从第（3）组回归结果可以看出，加入企业规模 Size 与产品市场竞争度 HHI 的交乘项 Size × HHI 后，该交乘项与高管薪酬 LnW 之间的相关系数为 -0.0026，在 0.01 显著性水平上为负。再看第（4）组含有两个敏感性指标的完整模型的回归结果，同样可以看出企业规模 Size 和产品市场竞争程度 HHI 的交乘项 Size × HHI 与高管薪酬 LnW 之间的相关系数为 -0.0022，在 0.01 显著性水平上为负，不论是第（3）组还是第（4）组的回归结果都表明，随着产品市场竞争程度的提升，高管薪酬—规模敏感性会随之而降低。

之所以出现这种回归结果的原因是：一方面激烈的产品市场竞争，在一定程度上能够抑制高管利用手中权力提高高管薪酬—规模敏感性来获利的可能性；另一方面，产品市场竞争还可以增加业绩指标的信息含量，提高高管薪酬—业绩敏感性在薪酬契约中的作用，相对应的就会降低规模指标在薪酬契约中的作用，进而降低高管薪酬—规模敏感性。这一回归结果证实了假设 4 -2，即随着产品市场竞争程度的提高，高管薪酬—规模敏感性会随之降低。

四个组别的回归结果都显示，企业的会计业绩和规模都会对高管薪酬产生正面影响，并且在 0.01 水平上显著，即当企业的会计业绩增加时，高管薪酬会随之增加；企业规模上升时，高管薪酬也会随之增加。同时，四个组别的控制变量回归结果较为一致，企业成长性与高管薪酬之间存在正向关系，并通过显著性检验。资产负债率与高管薪酬之间存在负向关系，并在 0.01 水平上显著。企业性质与高管薪酬之间的关系没有通过显著性检验。这表明，当企业成长性较高时，高管薪酬会随之增加；较大的企业资产负债率会对高管薪酬的数量带来负面影响。

三、按股权性质的分类回归

为了研究产品市场竞争对国有企业和非国有企业高管薪酬敏感性的不同影响以检验假设 4 -3 和假设 4 -4，本章在全样本回归的基础上，进一步将样本企业按股权性质划分为国有企业和非国有企业，并分别进行了回归分析。由于加入产品市场竞争替代变量 HHI 后，模型会显示强烈的共线性，影响到结果的可靠性，因此在回归检验时，没有单独将 HHI 变量纳入研究模型中，回归结果在表 4 -5 中列示。

表 4 – 5　　　　按股权性质分组回归结果分析

组别	预期符号	（1）非国有企业	（2）国有企业
自变量		LnW	LnW
Roe	+	0.4113 *** (5.26)	0.3982 *** (4.21)
Size	+	0.2769 *** (26.88)	0.2875 *** (25.21)
Roe × HHI	+	0.0156 *** (4.11)	0.0149 *** (4.23)
Size × HHI	–	–0.0025 *** (4.53)	–0.0019 (0.53)
Growth		0.0215 *** (3.11)	0.0102 (0.58)
Lev		–0.3121 *** (4.23)	–0.2665 *** (4.19)
Year		控制	控制
Industry		控制	控制
Constant		11.572 *** (9.88)	9.328 *** (8.25)
R – squared		0.2737	0.2621

注：表中所示变量回归结果中上行为回归系数值，括号值为其 t 值。*** 、** 、* 分别表示估计系数在为 1% 、5% 、10% 的水平上显著，均为双尾检验。

从针对非国有企业样本的回归结果（1）中可以看出，企业业绩 Roe 与产品市场竞争程度 HHI 的交乘项 Roe × HHI 和高管薪酬 LnW 的相关系数为 0.0156，在 0.01 水平上显著为正值，这与预期的回归结果相一致。这样回归结果可能的原因是，非国有企业大都处于竞争较为激烈的行业中，企业的各种投资、筹资等财务行为更遵循市场规律。在这个背景下，随着产品市场竞争程度的增加，非国有企业中业绩指标的信息含量会更加准确和完整，业绩指标在薪酬契约中所起的作用会越大。因此，非国有企业的股东更愿意提高薪酬契约中的业绩指标权重，增强高管薪酬—业绩敏感性。同时，在针对非国有企业样本的回归结果中，企业规模 Size 和产品市场竞争度 HHI 的交乘项 Size × HHI 与高管薪酬 LnW 的相关系数为 –0.0025，在 0.01 显著性水平上为负数，这与预期的回归结果相一致。出现这样回归结果的可能原因是，一方面，处于产品市场竞争程度较为激烈的非国有企业，其高管的自利行为会受到竞争激烈的外部环境所抑制，通过增加高管薪酬—规模敏感性实现自利的可能性有所下降；另一方面，业绩指标的信息质量的提高，也会降低规模指标在薪酬契约中的作用。因此，随着产品市场竞争程度的增加，非国有企业高管薪酬—业绩敏感性会有所增加，高管薪酬—规模敏感性会有所下降，假设4－3得到验证。

从针对国有企业样本的回归结果（2）中可以看出，企业业绩Roe和产品市场竞争程度HHI的交乘项Roe×HHI与高管薪酬LnW的相关系数为0.0149，在0.01水平上显著性为正值，这与预期的回归结果相一致。原因可能在于，经过较长一段时间的国有企业改革改制，相较之前，我国国有企业的高管薪酬契约更符合经济规律，经济目标在高管薪酬契约中越来越占据着重要地位。在这种背景下，随着产品市场竞争程度的提高，业绩指标的信息含量和质量会随之增加，业绩指标在薪酬契约中发挥着更大的作用，国有企业高管的薪酬—业绩敏感性也会随之提高。

但是，在针对国有企业样本的回归结果中可能看到，企业规模Size和产品市场竞争程度HHI的交乘项Size×HHI与高管薪酬LnW的相关系数为－0.0019，虽然符号为负值与预期的一致，但没有通过显著性检验。出现这一回归结果的原因可能在于，一般情况下，企业通过并购重组等方式扩大企业规模，是高管获取个人私利的重要途径，但这一手段在国有企业中，它的适用性会有较大的限制。这是因为，相对于非国有企业而言，国有企业的并购重组等财务行为要受到上级主管部门的审核批准。并且，国有企业的并购重组最初就是由上级部门发起的，国有企业的高管在这种并购重组中通常没有太多的发言权。这就使得国有企业高管意图通过并购方式来控制企业规模，进而影响薪酬的路径受限。因此，产品市场竞争对国企高管薪酬契约的规模指标就不会有明显的治理作用，从而体现出，产品市场竞争程度与高管薪酬—规模敏感性之间不存在显著的因果关系。

同时，不论是国有企业样本，还是非国有企业样本的回归结果都能够得出，企业的会计业绩和企业规模都是影响高管薪酬的重要因素。具体表现为，随着企业会计业绩的增加，高管薪酬会随之提高；随着企业规模的增加，高管薪酬也会随之提高。在控制变量中，企业成长性与高管薪酬之间呈现正向关系，随着成长性的不断增加，高管薪酬也会随之增加；企业的资产负债率与高管薪酬之间呈现负向关系，提高资产负债率水平，会降低高管薪酬。

四、稳健性检验

在稳健性检验中，将公司当年的每股收益 Eps 作为业绩指标的替代变量，对本章研究假设重新进行回归检验，回归结果如表 4－6 所示。

表 4－6　按股权性质分组的稳健性检验

指标	预期符号	（1）全样本	（2）非国有企业	（3）国有企业
自变量		LnW	LnW	LnW
Eps	+	0. 3125 *** (4. 57)	0. 3258 *** (4. 98)	0. 3241 *** (4. 19)
Size	+	0. 2662 *** (26. 23)	0. 2870 *** (27. 25)	0. 2933 *** (25. 56)
Eps × HHI	+	0. 0176 *** (4. 98)	0. 0162 *** (4. 52)	0. 0180 *** (4. 90)
Size × HHI	－	－0. 0026 *** (5. 25)	－0. 0028 *** (4. 72)	－0. 0020 (0. 62)
Growth		0. 0275 ** (1. 89)	0. 0223 *** (3. 29)	0. 0186 (0. 49)
Lev		－0. 2655 *** (4. 56)	－0. 3129 *** (4. 41)	－0. 2782 *** (4. 02)
Year		控制	控制	控制
Industry		控制	控制	控制
Constant		11. 528 *** (9. 19)	11. 572 *** (9. 32)	9. 328 *** (9. 13)
R－squared		0. 2762	0. 2839	0. 2616

注：表中所示变量回归结果中上行为回归系数值，括号值为其 t 值。*** 、 ** 、 * 分别表示估计系数在为 1% 、5% 、10% 的水平上显著，均为双尾检验。

在第（1）组针对全样本的回归结果中，企业业绩 Eps 与产品市场竞争程度 HHI 的交乘项 Eps × HHI 和高管薪酬 LnW 的相关系数为 0. 0176，在 0. 01 水平上显著为正值。在第（2）组针对非国有企业的回归结果中，企业业绩与产品市场竞争程度 HHI 的交乘项 Eps × HHI 和高管薪酬 LnW 的相关系数为 0.0162，在 0.01 水平上显著为正值；在第三组针对国有企业的回归结果中，企业业绩与产品市场竞争程度 HHI 的交乘项 Eps × HHI 和高管薪酬 LnW 的相关系数为 0.0180，也在 0.01 水平上显著为正值。这一检验结果表明，不论是国有企业还是非国有企业，随着产品市场竞争程度的提高，其高管薪酬的业绩敏感性都会有所增加，这与前面研究结果一致。

在第（1）组针对全样本的回归结果中，企业规模 Size 与产品市场竞争程度 HHI 的交乘项 Size × HHI 和高管薪酬 LnW 的相关系数为 -0.0026，在 0.01 水平上显著为负值。在第（2）组针对非国有企业的回归结果中，企业规模与产品市场竞争程度 HHI 的交乘项 Size × HHI 和高管薪酬 LnW 的相关系数为 -0.0028，在 0.01 水平上显著为负值，这表明，在全样本和非国有企业中，随着产品市场竞争程度的提高，高管薪酬的规模敏感性会随之降低。但在第（3）组国有企业回归结果中，企业规模与产品市场竞争程度 HHI 的交乘项 Size × HHI 和高管薪酬 LnW 的相关系数为 -0.0020，没有通过显著性检验。回归结果表明，在国有企业中，产品市场竞争程度的提高不会对国有企业高管薪酬的规模敏感性带来显著的抑制作用，这与前面研究结果一致。

第五节　本章小结

本章规范分析了产品市场竞争对高管薪酬—业绩敏感性和薪酬—规模敏感性的影响，并提出充分的产品市场竞争能够提高高管薪酬的业绩敏感性，降低规模敏感性的研究假设。同时，将企业性质的差异引入研究中，分析了国有企业中高管薪酬制度的发展背景和特殊性，以及产品市场竞争对我国国有企业高管薪酬敏感性可能的影响，并提出充分的产品市场竞争能够提高国有企业高管薪酬的业绩敏感性，但不能降低其规模敏感性的研究假设。再利用我国上市公司公开披露的数据，对研究假设进行实证检验，研究的主要结论如下：

（1）针对全部样本的研究发现，充分的产品市场竞争提高了企业高管薪酬的业绩敏感性，同时降低了规模敏感性。一方面，充分的产品市场竞争能够通过公司业绩，向股东传递有关高管能力和努力程度的有效信息，减小了股东和高管之间的信息不对称，业绩指标在契约中的重要性得到提高，高管薪酬—业绩敏感性也会随之增加。另一方面，产品市场竞争的信息传递机制将对高管自定薪酬的行为加以约束，限制了高管通过增加自身薪酬—规模敏感性实现个人利益的可能，这使得高管薪酬—规模敏感性被抑制。

（2）针对非国有企业样本的研究发现，充分的产品市场竞争增强了高管薪酬的业绩敏感性，同时削弱了规模敏感性。说明在非国有企业中，行业竞争相对充分，市场规律主导下的企业高管薪酬契约相对规范。激烈的产品市场竞争通过信息传递机制减小信息不对称，增加了企业业绩与高管努力程度的相关性，提升业绩指标在高管薪酬契约中的积极作用，同时限制了规模指标在薪酬契约中的负面作用，对非国有企业高管的薪酬契约具有治理效应。

（3）针对国有企业样本的研究发现，充分的产品市场竞争增强了高管薪酬的业绩敏感性，但对规模敏感性的限制作用不明显。这一结果表明，我国国有企业高管薪酬制度已经具有了业绩导向性，国有企业薪酬改革已初见成效，在这种背景下，产品市场竞争的治理效应对国有企业高管的薪酬—业绩敏感性有效。但是，由于我国国有企业并购重组等规模扩张行为大多是由政府主导，国有企业高管增加自身薪酬—规模敏感性的机会本身就很小，产品市场竞争对国有企业高管薪酬—规模敏感性的约束作用不明显。

第五章 产品市场竞争对薪酬契约的治理效应——基于内部薪酬差距视角

近年来，上市公司高管“天价薪酬”造成的劳动者之间较大的薪酬差距，受到社会各界的广泛关注，收入分配所涉及的公平与效率问题成为社会各界关注的焦点。劳动者之间过大的收入差距与我国政府提出的构建和谐社会、注重社会公平的精神相悖，政府相关部门采取各种手段来缩小收入差距，其中包括调节国有企业高管与员工间薪酬差距的“限薪令”①。然而，关于薪酬差距是否合理，政府是否有必要实施行政干预，学术界和实务界均存在争议。

这是因为，收入分配包括两个层次的内涵：一是宏观层次的分配，即在全社会范围内进行分配。在这个层次上，既要考虑到社会资源的最优配置，发挥出最大效率，又要充分考虑到全社会的公平，公平与效率同等重要。二是微观层次的分配，即在一个企业内部进行分配。在这个层次上，更多强调的是企业如何利用资源，进行恰当的分配，激发员工的工作热情，提高整个企业的经营绩效，企业经营绩效是确定微观层次分配恰当性的主要标准。同时，企业股东与高管之间的委托—代理矛盾降低了企业的经营效率，恰当的高管薪酬激励可以在一定程度上缓解委托—代理矛盾。薪酬差距作为高管激励的一种重要手段，应由企业以市场化的方式予以确定，采用行政命令的方式对薪酬差距进行管制，可能会影响薪酬契约的激励效果。

此前，学术界从经营绩效的视角研究高管层内部薪酬差距时，大部分文献忽视了管理层权力对薪酬差距的作用。当前，越来越多的证据表明管理层权力是影响高管薪酬契约的一个重要因素，会影响契约的制定与执行效率。企业的核心高管会出于自利的目的，利用手中权力增加其与非核心高管的薪酬差距。

---

① 如2015年1月1日起正式实施的《中央管理企业负责人薪酬制度改革方案》，该方案规定央企负责人薪酬结构由基本年薪、绩效年薪和任期激励三部分组成，基本年薪根据职工平均工资的两倍确定，总收入不得超过职工平均工资的7—8倍。

管理层权力的存在使核心高管与非核心高管之间薪酬差距的内涵变得更加复杂，如果忽视权力对薪酬差距的影响，将薪酬差距不加区分地视为个人禀赋差异基础上竞争获胜的奖金，将不可避免地导致有偏的研究结论。因此，本章在重视管理层权力对薪酬契约影响的基础上，较为细致地构建了权力计量模型，并利用定量分析方法，将高管层内部薪酬差距分解成与管理层权力相关的权力相关薪酬差距和与管理层权力无关的权力无关薪酬差距，研究不同性质的薪酬差距对企业绩效的影响①。

与此同时，产品市场竞争作为一种有效外部治理机制，可以通过降低信息不对称、破产威胁与声誉激励三个维度发挥治理作用，且这三个维度与高管层内部薪酬差距的设计有密切关系，例如竞争可以降低信息不对称性，提高对高管能力评价的准确性；并抑制高管权力的滥用，降低权力相关薪酬差距。

在本章的以下内容中，首先，分别从锦标赛理论和行为理论的视角对相关文献进行综述，为后文的规范和实证分析奠定文献基础。其次，规范分析了管理层权力与高管层内部薪酬差距之间的关系，及其带来的经济后果，并利用我国上市公司公开披露的数据进行实证检验。再次，将产品市场竞争引入研究中，考察产品市场竞争对管理层权力和权力相关薪酬差距的治理效应。最后，给出本章的主要研究结论。

第一节　相关文献综述

企业员工不但关注自己薪酬的绝对数量，还会关注自己薪酬与他人薪酬的差距，差距设置的是否合理会影响员工的工作积极性。通常，企业薪酬的确定与员工的职位有密切关系，企业中薪酬差距主要表现为职位间的差距，不同职位之间的薪酬差距要远大于同一职位内的薪酬差距，与职位级别相对应的员工薪酬束是企业员工收入分布的最显著特征之一。由于薪酬束的存在，伴随着员工职位的晋升，该员工薪酬会从一个薪酬束跳跃到另外一个薪酬束，薪酬呈现出大幅增长的现象。而员工没有发生职位晋升，则薪酬更多体现为在同一个薪

① 权力无关薪酬差距是核心高管凭借其在教育背景、智慧、任职经验等方面的优势，从晋升竞赛中胜出，而获得的竞争获胜奖励，也可以称为能力相关薪酬差距。

酬束中小幅波动。Murphy（1985）发现，如高管维持同样职位，年度薪酬收入仅增长 3.3%；而晋升到总裁，或晋升到 CEO 时，薪酬将有 20%—42% 的增长。

人力资本理论认为，薪酬是企业对职工劳动力价值的回报，是人力资本价值的体现。那么，从人力资本理论角度就很难对职位晋升前后的巨大薪酬差距做出令人信服的解释。20 世纪 80 年代，Lazear 和 Rosen 等从竞争奖金的角度，对高管晋升前后薪酬的巨变进行了解释（Lazear and Rosen，1981；Rosen，1986）。他们认为，晋升带来的薪酬增长是给予在竞赛中获胜者的奖励，薪酬差距是企业设置的竞争获胜奖金。

目前，学者大多是从锦标赛理论和行为理论的角度探讨薪酬差距问题。锦标赛理论强调的是更多的竞争奖金和更大的薪酬差距，鼓励员工的内部竞争，对个人业绩的追求。与此同时，另一些研究从相对剥削理论、组织政治学理论、分配偏好理论等行为理论的角度对薪酬差距给出解释。行为理论认为较小的薪酬差距会提高员工的公平感，有利于组织内部的合作，会降低员工通过政治阴谋来破坏竞争对手的声誉和成绩的可能性。行为理论强调的是更少的竞争奖金和更小的薪酬差距，薪酬分配更趋于平均，鼓励竞争者之间进行更多合作，追求组织业绩（Cappolli and Sherer，1990；Pfeffer and Langton，1993；Pfeffer，1994）。

一、支持锦标赛理论的相关文献

（一）国外相关的研究文献

Lazear 和 Rosen（1981）针对员工风险偏好与薪酬体系之间的关系进行研究，研究发现不同类型的员工对薪酬制定依据的倾向不同，风险喜好型的员工更倾向于基于绩效产出的薪酬体系；而风险厌恶型的员工更喜欢基于级别的薪酬体系。同时，研究还发现，竞争性奖金是有效的，甚至在某些企业中是更优的选择，较高的高管层内部薪酬差距是对那些努力工作，且在晋升高级别职位竞赛中获胜员工的额外奖励，较大的薪酬差距能够激励员工的工作积极性，通过给予富有效率的员工较高的薪酬激励，可以促进公司业绩的提升。之后，Rosen（1986）的研究除了印证了 Lazear 和 Rosen（1981）的观点外，同时 Rosen 还发现，当向上晋升到更高职位获取的奖金不足以吸引员工参与竞争时，那些在之前竞赛中已经获胜的员工往往倾向于在已有职位上“吃老本”，变得不思进取、碌碌无为，以至于工作效率下降，不利于提升企业业绩。

Leonard（1990）以1981—1985年美国439家大型企业为样本，实证检验了高管薪酬政策与企业组织结构对企业业绩的影响。研究发现，公司业绩显著与企业的层级结构相关联，高管薪酬与高管层的层级长短有密切关系。Main，O'Reilly和Wade（1993）对薪酬差距两种相互矛盾的理论——锦标赛理论和社会比较理论进行了比较分析，发现当公司高管人数增多时，薪酬差距会相应增加来弥补晋升难度的增大，从而激励高管努力工作以获得职位的晋升，实证结果印证了锦标赛理论的成立。Eriksson（1999）采用1992—1995年210家公司的2600多个高管数据为样本以验证锦标赛理论，研究发现当高管在企业中的责任越重要时，此时薪酬差距就越大，以激励高管去努力工作，同时锦标赛理论的竞争者人数与竞赛奖金的正相关关系得到验证。

Bingley和Eriksson（2001）利用大中型规模公司共2万多个样本，研究薪酬的差距和薪酬的偏度如何影响员工个人业绩与公司绩效，研究发现薪酬差距、薪酬偏度与“白领员工”的绩效之间存在二次方的关系，即在一定范围内，绩效随着薪酬差距的增大而增大，但当到达顶点后，两者会呈现出负相关关系；但是对于“蓝领员工”来说，薪酬差距和薪酬偏度与员工绩效呈现正向关系，锦标赛理论得到验证。Bognanno（2001）对1981—1988年600多家样本公司进行研究，所得结论进一步印证了Leonard（1990）关于公司职位层级链长短对薪酬差距影响的结论；同时，研究发现CEO与副职薪酬差距的对数与副职人数和员工人数呈现显著的正相关关系，即当竞争CEO职位的竞争者人数增多时，那么赢得竞赛胜利的难度就会加大，奖金就会增加。Lee、Lev和Yeo（2008）利用1992—2003年剔除了服务业和金融业的样本，研究了高管间薪酬差距对企业业绩的影响，研究结果表明，不论是托宾Q值还是股票业绩，都与高管层内部薪酬差距显著正相关，锦标赛理论得到验证。

（二）国内相关的研究文献

林浚清、黄祖辉和孙永祥（2003）是国内最早针对企业内部员工薪酬差距进行实证研究的，他们对高管薪酬差距和公司未来绩效之间的关系进行实证检验发现，二者之间具有显著的正向关系，较大的薪酬差距可以提升公司绩效，该结果支持薪酬激励的锦标赛理论。笔者还发现，影响我国公司薪酬差距的主要因素不是公司外部市场环境因素和企业自身经营特点，而是公司治理结构，我国上市公司应适当提高薪酬差距以维持足够的锦标赛激励能量，而提高薪酬差距的主要出路在于进行治理结构改革。随后，陈震、张鸣（2006）利用我国上市公司数据，对不同成长性的公司进行分类研究，发现随着高成长公司竞争者人数的增加、公司所处地区发达程度的提高和公司规模的扩大，公司高管层内部薪酬差距会随之增加；随着低成长公司竞争者人数的增加和公司所处地区发达程度的提高，高管层内部薪酬差距会随之增加。高成长公司的高管层内部薪酬差距与公司市场业绩之间存在正相关关系，低成长公司的高管层内部薪酬差距与公司每股收益指标之间存在正相关关系，锦标赛理论在我国上市公司中成立。胥佚萱（2010）以1999—2007年沪深A股上市公司为样本，从相对薪酬差距角度研究薪酬业绩的敏感性。研究发现，我国上市公司的薪酬差距与业绩显著正相关，所得结论支持锦标赛理论；民营企业薪酬差距安排有更强的激励效果。梁上坤、张宇和王彦超（2019）以我国2005—2014年沪深A股上市公司为样本，研究了公司生命周期对内部薪酬差距与公司价值关系的影响，并得出公司内部薪酬差距有利于公司价值的提高，研究结论在总体上支持了锦标赛理论。

之后，部分文献意识到高管层内部薪酬差距可能由多种因素形成，并将薪酬差距按性质不同进行分解，考察不同性质的薪酬差距所产生的激励效果。陈震（2012）利用我国2007—2010年上市公司数据，实证研究了管理层权力、经营风险与高管层内部薪酬差距之间的关系，发现高管层内部薪酬差距包含了与管理层权力相关的不合理成分，这部分薪酬差距是没有激励作用的，在高管层内部薪酬差距的锦标赛理论的检验中，应该将不合理薪酬差距进行剔除。

此外，部分学者又将内部薪酬差距激励效用的研究推广到非生产性组织中，研究非企业组织内部的薪酬差距问题。白锋、程德俊（2006）借鉴了Bloom（1999）的方法，使用了美国NBA2001－2005四个赛季共1667份球员的薪酬数据，对团队薪酬差距对个人和团队绩效的影响进行实证研究，发现较大的薪酬差距对于个人和团队绩效均产生了较为显著的积极影响；此外，实证分析的结果还证明了，团队成员个人薪酬在团队薪酬分配中所处的地位对团队薪酬差距和成员个人绩效之间的关系起到了调节作用。即较大的薪酬差距对处于薪酬分配中较高地位的团队成员起积极作用，但对处于薪酬分配中较低地位的团队成员反而会产生消极作用。

二、支持行为理论的相关文献

在针对企业内部薪酬差距的研究中，与锦标赛理论相对应的是行为理论。行为理论强调的是更少的竞争奖金和更小的薪酬差距，薪酬分配趋于平均，鼓励高管人员之间进行更多合作，追求企业业绩。行为理论中有三个分支对薪酬差距进行了解释：相对剥削理论、组织政治学理论以及分配偏好理论。其中，行为理论中的分配偏好理论是前摄性，相对剥削理论和组织政治学理论是后摄性的。

（一）国外相关的研究文献

Adams（1963）从社会比较的角度提出公平理论，认为人们在付出努力获得薪酬后，不仅仅看重自己所得到的薪酬数额，还关注自己获得的薪酬相比较于竞争对手的数额，通过比较来确定自己所获回报是否公平。Crosby（1984）提出了相对剥削理论，他通过研究认为企业内部处于不同级别间的高管人员会将自己的薪酬和能力与他人相比较，相互之间薪酬差距会让高管层产生企业的薪酬设计制度有失公正的感觉。如果核心高管人员的薪酬过高，甚至远远超过其自身的能力水平，那么那些相对来说处于较为底层的管理人员会觉得自己的努力程度和能力没有得到应有的公正对待。当这些底层管理人员认为自己的努力和能力受到企业的剥削，自己的付出只得到企业给予的廉价回报时，就会引发他们消极怠工，出现不愿意努力工作的消极心理和行为。

Deutsch（1985）研究发现，没有证据表明一个平均主义的组织系统会比一个非平均主义的系统更缺乏效率。相反的，可靠研究证明，当高效率的工作需要高效率的合作来实现时，组织的业绩将依赖于组织中人员的共同努力，此时过大的薪酬差距会阻碍合作，进而影响企业业绩。O'Reilly 等（1988）研究发现，企业在制定高管薪酬时较少考虑业绩要素，因为高管的个人业绩较难衡量，企业会更多地采用社会比较理论来考核高管人员；该理论强调制定较少的竞赛奖金，为企业内部员工间的薪酬设置较小的差距，从而员工获得更加均等化的薪酬分配，该理论提倡更多更广泛的员工合作，最终实现企业业绩提升的目标。

Cappelli 和 Sherer（1990）将员工工资分成较高和较低两个水平，发现与工资处于较高水平的员工相比，新入职的低收入工资阶层的员工对工作的满意度更高，对未来工作也更有信心。但是随着时间的推移，低层次员工的满意度降低，对工资的期望升高，而较高的薪酬差距会带来不满情绪及更差的工作质量。Pfeffer 和 Davis – Blake（1992）研究美国大学员工内部的薪酬差距和员工的职位级别差异对员工行为的影响。研究发现，当员工间的薪酬差距过大时，较低薪酬的管理者会不满意自己的薪酬，从而工作效率低下并更容易离职跳槽，这在一定程度上支持了社会比较理论。Pfeffer 和 Langton（1993）重点从员工的社会心理比较的角度，研究薪酬差距对员工工作满意度、工作效率和协作性的影响。结果发现，部门之间过大的薪酬差距会降低员工的工作满意度和工作效率，并削弱员工间的合作性。即使在工资是与绩效和经验相挂钩的情况下，员工仍然会对较大的薪酬差距感到不满，进而影响工作积极性。

（二）国内相关的研究文献

国内从 2003 年之后，学者开始针对高管层内部薪酬差距进行研究。这十多年来，国内已有的相关文献大部分得出了锦标赛理论成立的证据，而支持行为理论成立的文献相对较少。张正堂、李欣（2007）研究发现，高管团队内部的薪酬差距与企业绩效存在负相关的关系，即薪酬差距和企业绩效的关系符合行为理论的预期，而团队协作需要的调节效应也部分支持行为理论的预期。周蓓蓓等（2009）以制造业上市公司的年报数据为基础，对高管薪酬与公司绩效之间的相关性进行了实证研究。研究结果表明，高管相对薪酬差距与公司绩效之间不存在正向关系，而是呈现出负向影响的趋势，结果符合行为理论提出的假说。

还有少许的文献所得出的结论不直接支持锦标赛理论或行为理论，一部分文献认为薪酬差距与企业绩效之间存在倒 U 形，即在薪酬差距的临界点之前，随着差距的增加，企业业绩上升，一旦超过这个临界点，薪酬差距的增加则会降低企业业绩。如鲁海帆（2009）研究发现薪酬差距对业绩的影响呈现倒 U 形，即薪酬差距在扩大的过程中会导致业绩先提升后下降。蔡芸、陈淑玉和任成（2019）运用 2006—2017 年制造行业的国有上市公司的相关数据，采用面板数据固定效应模型研究了企业内部高管——员工薪酬差距与企业绩效之间的关系，研究发现薪酬差距与企业绩效之间存在倒 U 形的关系。

还有一部分文献得出，在某种环境下，行为理论成立，但当环境发生改变后，行为理论失效，锦标赛理论开始成立。如张正堂（2008）研究了高管团队内部薪酬差距、高管与员工薪酬差距对企业未来业绩的影响。发现在国有控股的企业中，高管与员工之间的薪酬差距和组织未来绩效之间表现出负相关的关系，行为理论更适应我国企业高管团队之间的比较，即一般情景下作为特殊的团队，高管成员之间的薪酬差距不宜过大；但同时作者又发现，当企业技术变得复杂、企业规模变大时，高管团队之间薪酬差距的适当拉大，反而有助于推动企业未来绩效，此时锦标赛理论成立。

第二节　管理层权力、薪酬差距与企业绩效

一、理论分析与研究假设

（一）管理层权力与高管层内部薪酬差距的关系研究

给予高管必要的薪酬激励源于企业所有权与控制权分离而产生的委托—代理矛盾。有效的高管薪酬契约使薪酬成为企业业绩的函数，从而将高管利益与企业价值结合起来。但近年来大量研究表明，薪酬激励并不必然解决代理问题，薪酬的制定与执行机制可能使其成为代理问题的一部分，企业高管会利用管理层权力影响甚至决定自己的薪酬。管理层权力通常是指管理层执行自身意愿的力量，这种力量的形成体现了剩余控制权的扩张特性，它存在于职责权力之外，是非制度规定的隐性权力。管理层权力一般是在公司内部治理出现缺陷、外部缺乏相应制度约束的情况下，管理层所表现出的超出其特定控制权范畴的深度影响力（权小锋等，2010）。管理层权力产生的基础是与职位相关联的职责权力，即企业重要事务的决策权力主要集中于高级管理层或核心高管手中，而中低级管理层一般只有侧重于处理例行事务的权力。因此，本书探讨的能够影响、干预，甚至可以决定高管薪酬契约的管理层权力，特指为管理层中核心高管所拥有的权力。

当前，国内外学者的研究结果证实了管理层权力对单一薪酬契约的影响。管理层权力显著影响高管薪酬，存在高管通过权力自定薪酬的行为（卢锐，2008）；同时，高管拥有的权力大小不同，对其薪酬契约的影响程度也不同，拥有较高权力的公司经理将在设定其薪酬水平时更少受到约束，因此往往能够获得更高的薪酬（Finkelstein and Boyd，1998），此外，权力大的高管在获取权力收益的同时，能实现更高的货币薪酬（吕长江、赵宇恒，2008）。

高管层权力影响内部薪酬差距可以通过多个途径来实现。首先，层级不同的高管拥有不同的管理层权力，不同的权力对包括薪酬契约在内的企业内部制度安排的影响程度存在差异，表现为核心高管对企业内部制度安排的影响更加深刻。基于理性经济人的假说，核心高管有动力和能力直接提高自己的薪酬，进而导致薪酬差距的产生。其次，核心高管除了直接影响自己的薪酬契约，也会有动机和能力对他人的契约施加影响。如果将企业有限的薪酬资源看成一个固定规模的“蛋糕”，在企业整体薪酬成本一定的约束下，不排除核心高管会主动干涉他人薪酬契约，来为自己的利益留足空间。最后，公司高管会因职位、个人权威、受监督程度不同而拥有不同的权力，进而形成了管理层内部的权力差异。权力对高管薪酬的影响，可以通过高管薪酬变动的“尺蠖效应”表现出来。权力差异的存在，势必会导致不同级别高管有着不同的薪酬变动的“尺蠖效应”，具体表现为，权力较大的核心高管，其薪酬变动的“尺蠖效应”较大①。随着公司业绩的波动，核心高管与非核心高管之间的薪酬差距会不断加大。

（二）高管层内部薪酬差距与企业绩效的关系研究

高管层内部薪酬差距的性质和大小会影响其激励效果，进而产生不同的经济后果。高管层内部薪酬差距对绩效的影响主要有两种不同观点：锦标赛理论和行为理论。锦标赛理论认为，薪酬差异是归于在竞赛中获胜者的一种额外奖励，更多的竞争奖金有利于鼓励高管人员的内部竞争和对个人业绩的追求。行为理论则认为较小的薪酬差距会提高员工的公平感，有利于组织内部的合作，鼓励高管人员之间进行更多的合作，追求企业业绩（Cappelli and Sherer，1990）。对我国高管层内部薪酬差距经济后果的研究并没有得到一致的结论，一些研究结果支持了锦标赛理论的成立，如林浚清等（2003），陈震、张鸣（2006），胥佚萱（2010）的研究结果都发现薪酬差距与业绩显著正相关。与此同时，也有研究并不支持锦标赛理论：张正堂（2008）发现高管团队薪酬差距与组织未来绩效之间呈现负向关系。鲁海帆（2009）则发现薪酬差距对业绩的影响呈现倒U形，即薪酬差距在扩大的过程中会导致业绩先提升后下降。以上研究未能形成一致结论，可能与已有研究没有区分不同性质的薪酬差距有一定关系。

从管理层权力对薪酬差距的影响分析中可以看到，核心高管与非核心高管

① “尺蠖效应”是指高管薪酬业绩敏感性存在不对称的特征，业绩上升时薪酬的增加幅度显著高于业绩下降时薪酬的减少幅度（方军雄，2009）。方军雄（2011）发现高管薪酬变动“尺蠖效应”主要存在于权力更高的高层高管，而级别较低的高管其薪酬具有明显的对称性。

之间的薪酬差距实际上由两种不同性质的薪酬差距构成——与管理层权力相关的薪酬差距和与管理层权力无关的薪酬差距。其中，权力无关薪酬差距是核心高管凭借其在教育背景、智慧、任职经验等方面的优势，从晋升竞赛中胜出，而获得的竞争获胜奖励，也可以称为能力相关薪酬差距。权力相关薪酬差距是核心高管出于自利目的，利用其高于非核心高管的管理层权力获取的超额薪酬。

权力相关薪酬与权力无关薪酬差距形成的原因不同，产生的激励效果也不同。依据企业员工晋升的锦标赛理论，非核心高管竞争获胜获得的奖金越高，其越有动力通过主动的人力资本积累、努力工作等途径提高个人业绩而获得晋升。因此，权力无关薪酬差距越大，越能带来高的企业绩效。

而权力相关薪酬差距对企业绩效则不会有显著的正向影响。一方面，核心高管出于自利目的，利用手中的权力追求超额薪酬时，只会提高个人利益而无益于企业价值的提高。核心高管利用权力提升权力相关薪酬差距的方式，可以是直接增加保底薪酬，也可以是提高利己的薪酬影响因素的权重，如核心高管提高薪酬契约中规模指标的权重，并通过增资、并购等手段追求规模最大化，增加超额薪酬、扩大薪酬差距①。因此，管理层权力的膨胀往往伴随着过度投资，且权力会弱化薪酬激励对上市公司过度投资行为的抑制作用（张丽平、杨兴全，2012），但过度投资却无助于企业绩效的提高。另一方面，权力相关薪酬差距对非核心高管也起着负面激励作用。公司业绩是高管团队整体努力的结果，非核心高管的行为也深刻影响着企业的经营绩效。从锦标赛理论出发，薪酬差距产生激励作用的前提是公平的晋升体系。但当核心高管是通过权力寻租而不是努力工作获得较高薪酬时，非核心高管会对竞争的晋升体系灰心，进而懈怠工作，竞争奖金的激励作用会部分失效。甚至，非核心高管或效仿或与核心高管合谋，以便获得核心高管的青睐而获利。

基于以上分析，本章提出以下假设：

假设 5-1：管理层权力与高管层内部薪酬差距之间存在显著正相关关系；

假设 5-2：薪酬差距中的权力相关薪酬差距与企业绩效不存在显著的正相关关系；

假设 5-3：薪酬差距中的权力无关薪酬差距与企业绩效存在显著的正相关关系。

---

① Grinstein and Hribar（2004）研究发现，权力大的管理层会影响董事会的决策，使自己在完成并购交易后获得更多的奖金。

二、研究设计

（一）管理层权力与高管层内部薪酬差距的关系研究

参考林浚清等（2003）、陈震、张鸣（2006）的研究，设计出模型（5－1）来完成对假设5－1的检验。与已有文献的区别在于本书将管理层权力纳入模型中，并参考Finkelstein（1992）的《高管团队中的权力：维度、计量和有效性》一文，较为细致地构建了权力计量模型。本书选取高管层内部薪酬差距作为被解释变量，管理层权力作为解释变量；选取竞争者人数、企业规模、市场化进程、行业、年度作为控制变量，设计出模型（5－1）：

$$Lngap = \beta_0 + \beta_1 Power + \beta_2 Number + \beta_3 Size + \beta_4 MI + \sum \beta_i Industry + \sum \beta_j Year + \varepsilon \quad (5-1)$$

1. 因变量

选取高管层内部薪酬差距作为被解释变量，本书界定的高管人员包括高层管理人员、董事、监事。gap为企业内部核心高管与非核心高管之间的绝对薪酬差距，本书按照高管职位越高职责越大，相应地对企业的贡献也越大，收入就越高的原则，用公司年报中披露的前三个最高薪酬的平均值作为核心高管薪酬；用全部高管薪酬减去前三个最高薪酬后的平均值作为非核心高管薪酬。以核心高管与非核心高管间薪酬差距的自然对数Lngap作为被解释变量。

2. 自变量

国内大量研究都是单独使用董事长与总经理两职兼任作为管理层权力的替代变量（吕长江、赵宇恒，2008；黎文靖、胡玉明，2012）。董事长与总经理两职设置情况是公司内部治理结构中的一个重要问题，体现了公司董事会的独立性和管理层决策的自主性。若两职兼任，总经理更有动机任命支持他的董事，并积极向董事会传达对其有利的信息。但在现实中，高管两职兼任仅仅是管理层权力表现的一个方面，仅用两职兼任作为管理层权力的衡量指标，会存在以偏概全的情况。

Finkelstein（1992）把管理者权力定义为：管理者个人让企业战略发展按照自身意愿的方向发展的能力，即具有任意决定权。管理者的中心任务是应对处理不确定性，权力取决于其率领组织应付关键不确定性的能力，组织内部的不确定性主要源自其他高管和董事成员的竞争和挑战，组织外部的不确定性主要是公司需要完成的任务和所处的制度环境。管理者往往通过控制企业决策的日程、备选的决策方案以及信息流，获取企业的实际控制权。因此，Finkelstein 认为管理者权力主要包括结构权力、所有者权力、专家权力和声望权力四个方面。

（1）结构权力。管理者的结构权力来自于组织正式的科层结构的职位和法定契约授权。管理者在组织中所处的正式职位成为其可以左右企业发展的工具。如在企业战略决策产生争议的时候，较高职位的管理者可以通过“滥用权力”，压服其他不同意见。高职位管理者也有更多的机会获取机密信息和支配更多的资源。在组织内部科层中，管理者所处的位置越高，拥有的职位头衔越多，拥有的权力就越大。

（2）所有者权力。作为公司的股东之一，管理者不仅拥有与职位相联系的法定权力，而且还拥有法定的出资人权力，这种双重身份削弱了董事会对管理者的控制能力。管理者拥有的股份越多，享有的出资人权力就越大。如果管理者是公司的创始人之一或者与公司创始人的关系十分密切，这种特殊的身份使其对董事会成员施加影响，从而较少受到其他高管和董事会成员的竞争和挑战。

（3）专家权力。专家权力通常来源于管理者的专长、技能和知识。管理者拥有的专业知识、外部资源和信息越丰富，其带领公司应付外部环境不确定性并在竞争中获胜的能力越强，继而对企业战略发展的话语权和影响力越大（Hambrick，1981；Mintzberg，1983）。

（4）声望权力。管理者的另一个权力基础来源于个人的声望和地位。企业发展需要寻求政府部门、财务机构、客户和供应商等外部支持，身处精英阶层的管理者具备良好的社会声望，可以帮助企业与外部机构建立良好关系，及时获取与企业切身相关的信息，从而彰显出其对组织的重要性。

本书参照 Finkelstein（1992）的做法，以管理者在董事会任职情况代表结构权力，以管理者任职时间代表专家权力，以管理者学历代表声望权力。由于我国企业高管直接持股很少，甚至部分上市公司高管零持股。因此，本书用股权制衡度来表示所有权权力，股权制衡度高的公司，其管理层的所有权权力相应就小。这是因为，大股东所有权比例的提高会加强对管理层的监督和控制，管理层受到的约束就会增多，所有权权力受到限制。本书参照卢锐（2008）的做法，用股权制衡度（own）来衡量高管的所有权权力，若第一大股东持股与第二到第五大股东持股之比大于 1 取 0，否则取 1。

管理层权力的计算公式如下：

$$Power = 0.25 \times position + 0.25 \times tenure + 0.25 \times edu + 0.25 \times own \quad (5-2)$$

其中，position 是上市公司 CEO 兼任董事的情况，代表着高管的结构权力。经过对全部样本的分析，发现 CEO 兼任有四种不同的情形、CEO 兼任董事长、CEO 兼任副董事长、CEO 兼任一般董事、CEO 不在董事会中任职。通过中位数分析，发现 CEO 兼任一般董事的情况最多，所以将这种情况下的 position 赋值为 0.5；以此类推，将 CEO 兼任副董事长的赋值为 0.75；将 CEO 兼任董事长赋值为 1；将 CEO 不在董事会中任职赋值为 0。

tenure 是 CEO 在上市公司的任职时间，代表着高管的专家权力。经过对全部样本的分析，发现 CEO 任职时间最长的达到 23 年。通过对中位数的考量，发现任职时间的中位数为两年，因此，本书将任职时间为两年的赋值为 0.5，任职时间为一年的赋值为 0.25，从中位数两年到最长 23 年任职时间的赋值则在 0.5 至 1 之间平均分布。

edu 是 CEO 的学历高低，代表着高管的声望权力。经过对全部样本的分析，发现 CEO 学历有五种情况，分别为小学、中学、大学、硕士研究生、博士研究生，其中学历的中位数为硕士研究生，因此，本书将学历为硕士研究生的赋值为 0.5，以此类推，将博士研究生的赋值为 1；大学的赋值为 1/3；中学的赋值为 1/6；小学的赋值为 0。

own 是公司的股权制衡度，代表着高管的所有者权力。若第一大股东持股与第二到第五大股东持股之比大于 1，own 赋值为 0；否则，own 赋值为 1。

在定义了四个权力维度的赋值后，需要再确定四个维度的权重。由于四个权力维度的赋值均在［0，1］之间，在无法判断哪个维度的权力在公司中的影响最大时，采取同等重视四个维度值是次优选择，所以每个维度的权重都是 0.25。

表 5-1　上市公司高管层权力维度定义与计算

项目	变量名	赋值	权重
结构权力	position	0、0.5、0.75、1	0.25
专家权力	tenure	0、1/4、1/2、22/42、23/42、24/42、25/42、26/42、27/42、28/42、29/42、30/42、31/42、32/42、33/42、34/42、35/42、36/42、37/42、38/42、39/42、40/42、41/42、1	0.25
声望权力	edu	0、1/6、1/3、0.5、1	0.25
所有者权力	own	0、1	0.25

3. 控制变量

（1）竞争者人数（Number）。当竞争者人数增加时，会降低每个竞争者竞争成功的可能性，为了吸引竞争者付出足够的努力去参与竞争就有必要增加竞争获胜的奖金，即增加薪酬差距。Leonard（1990），Main 等（1993）以及 Bognanno（2001）的实证研究结果也都得出，随着公司高管层竞争者人数的增加薪酬差距会加大的结论。陈震、张鸣（2006）研究发现，无论企业是高成长企业，还是低成长企业，随着高管层竞争者人数的增加，公司高管层内部薪酬差距都会随之增加。本书用公司的高管、董事和监事人数的总和，减去独立董事人数和三名核心高管人数来计量。

（2）企业规模（Size）。规模大的企业拥有更复杂的经营决策，对高层管理人员的要求更高，公司聘用高层管理人员的薪酬也会更高。这使得相对于小规模企业而言，大规模企业的高管层内部薪酬差距会较大。大量实证研究得出，企业规模与高管薪酬之间存在显著的正相关关系。陈震、丁忠明（2011）研究发现，企业规模对高管薪酬有绝对影响力，因此有理由相信，企业规模也可能会对企业内部的薪酬差距产生显著影响。本书用企业年末总资产的对数来控制规模对薪酬差距的影响。

（3）市场化进程（MI）。谌新民、刘善敏（2003）研究发现较为发达地区高管人员的薪酬会显著高于欠发达地区。欠发达地区可能还习惯于以前的平均主义，使得企业倾向于平均薪酬和低收入差距，而经济发达地区的企业员工对激励、收入差距等的理解与接受能力要强于欠发达地区。本书市场化进程的计量依赖于樊纲等人主持的中国市场化指数课题组发布的中国市场化指数，该指数包含了政府与市场的关系、非国有经济的发展、产品市场的发育程度、要素市场的发育程度、市场中介组织发育和维护市场的法制环境这五个方面指数，全面系统地分析评价了全国各省份的市场化相对进程。当前，可以获得的最新市场化指数是该课题组在 2016 年公布的 2014 年各省份市场化指数评分与排名。对比 2008—2014 年度的排名可以发现，不同年份之间，各省份所处的位置差别不大，如果将前 10 名作为高市场化进行区域，将后 10 名作为低市场化区域进行划分，几乎各个省份都是在原有区域内上下波动。

在 2014 年排名前 10 位的省份中，除重庆和安徽外，都是东部省份。排在中间位置的 11 个省份中，有 4 个中部省份、东北 3 省、3 个西部省份（四川、广西、陕西）和 1 个东部省份（河北）。排在后面十位的省份中，除海南和山西外，都是西部省份。这说明我国的市场化进程，仍然有很大的地域差异，总体上东部地区市场化程度高，西部地区市场化程度低。

因此，本书依据2014年度的各地市场化程度的排序对样本进行赋值，其中，对排序在前10名的高市场化地区赋值为2，中间11名赋值为1，最后10名的赋值为0。

（4）行业（Industry）和年度（Year）。不同行业间的高管层内部薪酬差距存在显著不同，按照第三章对我国上市公司的描述性统计结果可知，金融行业、房地产行业的薪酬差距明显高于其他行业，行业因素是影响高管层内部薪酬差距的重要因素，因此，本书将行业虚拟变量作为模型的控制变量。我国企业可能会因为物价的上涨和劳动者工作年限的增加，而调增劳动者的工资。为了控制宏观经济因素的影响本书引入了年度虚拟变量。

（二）高管层内部薪酬差距与企业绩效的关系研究

本书设计出模型（5－3）实现对假设5－2和假设5－3的检验。

$$Roe = \beta_0 + \beta_1 PW + \beta_2 NPW + \beta_3 Size + \beta_4 Lev + \beta_5 Soe + \beta_6 Grow + \sum \beta_i Industry + \sum \beta_j Year + \varepsilon \quad (5-3)$$

1. 因变量

本书选取下一年度净资产收益率（Roe）作为被解释变量。净资产收益率是衡量企业绩效的重要指标，反映了股东资金利用效率。考虑到薪酬差距的形成、非核心高管感受到薪酬差距并影响其管理行为需要一个过程，薪酬差距的激励效应具有滞后性。此外，管理者的管理行为对企业绩效的影响也具有滞后性。这是因为，企业管理工作包括决策、计划、组织、协调、控制等方面，与一般劳动和技术工作相比，管理工作的时效更长。仅仅考察薪酬差距与当期企业绩效的关系，会忽视薪酬方案的制定、薪酬结果的形成、薪酬结果的效应三者之间的时间差异，不能完全反映薪酬制度所产生的激励效果（张正堂，2008）。因此，本书采用下一年度净资产收益率作为业绩的替代变量。

2. 自变量

本书旨在探讨两种性质的薪酬差距对企业业绩的影响，故权力相关薪酬差距（PW）和权力无关薪酬差距（NPW）为解释变量。权力相关薪酬差距和权力无关薪酬差距的取值由模型（5－4）、模型（5－5）得来。

对假设5－2和假设5－3的检验是在模型（5－1）的基础上进行，通过模型（5－1）的回归结果，分解出高管层内部薪酬差距的两个部分：权力相关薪酬差距和权力无关薪酬差距。其中，权力相关薪酬差距是利用模型（5－1）回归出来的管理层权力系数 β_1 乘以每个样本的管理层权力值求出；而权力无关薪酬差距是利用每个样本的实际薪酬差距减去权力相关薪酬差距后估算得出。两种薪酬差距的计算估计模型如下：

$$PW_{i,t}=\beta_1\times Power_{i,t} \tag{5-4}$$

$$NPW_{i,t}=Lngap_{i,t}-\beta_1\times Power_{i,t} \tag{5-5}$$

其中，β_1 是模型（5－1）中管理层权力变量的估计结果。

3. 控制变量

（1）企业规模（Size）。规模对业绩的影响可以从以下几个方面来进行阐述：其一，大企业存在着技术经济效应，也就是大企业可以通过大规模生产，实现劳动分工在更深层次的展开，从而产生经济效率；其二，大企业可以采用大型的、生产效率更高的设备实现大规模生产，从而降低生产成本；其三，大企业可以雇请各种专家来从事管理或技术工作；其四，大企业能够在研究与开发上投放巨额资本，保持较高的技术创新能力（张元智、马鸣萧，2004）。大企业可以依赖自己的实力，通过降低企业的单位成本，使得企业长期平均成本随着产量的增加而递减，实现规模经济，提高企业的经济效益。因此，有必要在模型中加入企业规模作为控制变量，企业规模的定义同模型（5－1）。

（2）财务杠杆（Lev）。股权的分红约束是软性的，其支出远小于公司的总体现金流量，但通过借债而融入的资金，公司必须偿还，公司经理必须考虑在债务到期时，要有足够的收入或现金，以偿还债务本息，否则面临的将是诉讼与破产。债务相对于股权融资，可以在一定程度上抑制经理的过度投资，债权融资具有特殊的治理效应（孙永祥，2001）。现有的证据大多证明，我国的债权融资具有治理效应，并影响企业价值（于东智，2001）。本书将公司负债情况作为控制变量，用资产负债率来计量财务杠杆。

（3）最终控制人性质（Soe）。公司股权性质与公司业绩间的关系一直是我国资本市场研究中的热点，现有的实证结论通常认为法人控股公司比国家控股公司业绩更好。徐晓东、陈小悦（2003）发现，第一大股东为非国家股股东的公司有着更高的企业价值和更强的盈利能力。杜莹、刘立国（2002）发现国家股股东治理效率低下，法人股股东在公司治理中能起到积极作用。许小年（1997）也同样认为国有股比重越高的公司效益越差，法人股比重越大的公司效益越好。同时，国有企业还承担了相对较多的社会责任，非经济利益的责任会影响国有企业内部的资源配置与高管工作的注意力，降低国有企业的经济效益。因此本书引入最终控制人性质作为控制变量，当最终控制人为国有企业时，其变量赋值为1；否则，赋值为0。

（4）成长性（Grow）。处于高速发展阶段的高成长企业往往具有好的产品市场前景与相对较高的企业业绩。权小锋等（2010），刘春、孙亮（2010）研究薪酬差距对企业业绩的影响时均对成长性进行了控制。本书用主营业务收入增长率衡量成长性。

（5）行业（Industry）和年度（Year）。行业周期性的存在，不可避免地影响企业绩效，企业绩效会因为行业的差异呈现出较大的差别，因此需要对行业进行控制。为了控制宏观经济因素的影响本书引入了年度虚拟变量。

各变量定义如表5－2所示。

表5－2　　　　变量定义

变量类型	变量名称	变量代码	变量定义与计算
被解释变量	会计业绩	Roe	公司下一年度的净资产收益率
解释变量	权力相关薪酬差距	PW	用模型（1）回归出的 β_1 乘以公司的管理层权力值
	权力无关薪酬差距	NPW	用高管层内部薪酬差距减去权力相关薪酬差距
控制变量	财务杠杆	Lev	公司当年末的资产负债率
	企业规模	Size	公司当年末的总资产对数
	最终控制人性质	Soe	最终控制人为国有企业时，赋值为1；否则，赋值为0
	成长性	Grow	公司的主营收入增长率
	行业	Industry	行业虚拟变量
	年度	Year	年度虚拟变量

（三）样本选取和数据来源

由于模型（5－3）中被解释变量的企业绩效指标需要使用滞后一年的数据，所以本书选取2011—2017年沪深两市全部A股上市公司为初始研究样本，并剔除金融行业样本，剔除缺少相关变量数据的样本，以及非核心高管薪酬大于或等于核心高管薪酬的数据披露错误的样本。市场化进程数据来自于中国市场化指数课题组编制的《中国市场化指数——各地区市场化相对进程报告》，上市公司的其他数据则来自于 CSMAR 数据库。

三、实证结果与分析

（一）管理层权力与高管层内部薪酬差距的关系研究

1. 样本总体描述

重要变量的描述性统计值在表 5－3 中列示，从表 5－3 中可以看到，高管层内部薪酬差距的平均值和中位数分别为 13.1123 和 12.7190，转化为对数前的值为 495006.81 元和 334038.46 元。最大薪酬差距为取对数值前的 7019272.22 元，为 2017 年度方大特钢的薪酬差距值。2017 年度方大特钢一名高管当年就从公司获取 4036.71 万元的税前报酬额，但与此同时另有一名高管却只有 1.31 万元的税前报酬，两名独立董事在报告期内从公司获得的税前报酬额也只有 0.5 万元，高管薪酬之间的差距实在巨大①。数据印证了上市公司高管内部存在巨额薪酬差距的现象，不同企业间的内部薪酬差距差异巨大。管理层权力指标最大为 0.8981，最小为 0，变异系数为 0.3839，各样本间管理层权力差异较大。

表 5－3　　薪酬差距成因主要变量描述性统计

项目	Lngap	Power	Number	Size	MI
平均值	13.1123	0.3951	13.0255	21.6442	1.6102
中位数	12.7190	0.3822	13	21.6065	1
最大值	16.6499	0.8981	53	23.4513	2
最小值	6.9119	0	1	15.7294	0
标准差	0.7636	0.1478	3.5877	0.9485	0.7182
变异系数	0.0582	0.3839	0.2754	0.0438	0.4461

2. 相关性检验

从全样本的相关性检验表 5－4 中可以看出，高管层内部薪酬差距与管理层权力之间存在显著的正相关关系。数据初步表明，管理层内部薪酬差距会随着高管层权力的增加而扩大。同时，相关性分析还显示，薪酬差距分别与竞争者

① 方大特钢 2017 年度的高管薪酬数据来自于方大特钢科技股份有限公司 2017 年年度报告（修订版）。

人数、企业规模和市场化进程之间都存在显著的正相关关系。各主要变量之间不存在较高的相关性，这在一定程度上排除了回归模型出现多重共线性的可能。

表 5-4　　　　薪酬差距成因主要变量相关性检验

变量	Lngap	Power	Number	Size	MI
Lngap	1				
Power	0.1459***	1			
Number	0.1277***	0.0535*	1		
Size	0.3635***	-0.0315	0.3842***	1	
MI	0.2551***	0.0917**	-0.0791**	0.0298	1

注：*** 代表 1% 水平上显著，** 代表 5% 水平上显著，* 代表 10% 水平上显著。

3. 回归结果分析

由检验结果表 5-5 可见，管理层权力的回归系数为 0.6217，T 值为 11.77，即管理层权力与管理层内部薪酬差距之间存在正相关关系，并在 0.01 的水平上显著。这表明，管理层权力的增加会显著提高薪酬差距，本书的研究结果从薪酬差距的角度，验证了在我国上市公司中管理层权力理论的存在，假设 5-1 得到证实，证明了拥有管理层权力的核心高管会利用手中权力获得更高的薪酬。

表 5-5　　　　管理层权力与管理层内部薪酬差距的回归结果

被解释变量	高管层内部薪酬差距	Lngap	预期符号	回归系数	T 值
解释变量	管理层权力	Power	+	0.6217***	11.77
控制变量	竞争者人数	Number	+	0.0085**	2.35
	企业规模	Size	+	0.2176***	29.12
	市场化进程	MI	+	0.2455***	20.15
	年份、行业	Year、Industry	控制	控制	控制
常数项		Constant		6.9310***	39.28
调整 R^2		0.2415			
F 值		170.19			

注：*** 代表 1% 水平上显著，** 代表 5% 水平上显著，* 代表 10% 水平上显著。

控制变量中竞争者人数的回归结果在 5% 水平上显著，与预期符号一致，这说明随着竞争者人数增加，竞争者成功的可能性会降低，企业只有提高相应的竞争获胜奖金才能保持薪酬差距的激励作用，这也支持了林浚清等（2003），胥佚萱（2010）的研究结论。市场化进程和企业规模系数也均在1%水平上显著为正，说明市场化进程较高、规模较大的企业，其高管层内部薪酬差距也越大。从模型整体的回归结果来看，模型的设计合理，所得结论较为可靠。

（二）高管层内部薪酬差距与企业绩效的关系研究

根据表5－5的回归结果 $\beta_1=0.6217$，代入模型（5－4）、模型（5－5）中得到每个样本企业的权力相关薪酬差距和权力无关薪酬差距的值，再代入模型（5－3）进行回归。

1. 样本总体描述统计

从主要变量的描述性统计表5－6中可以看出，权力相关薪酬差距的均值和中位数分别为0.2456和0.2376，与之相对应的权力无关薪酬差距的均值和中位数分别为12.8667和12.4814，两者相比，后者远大于前者。权力无关薪酬差距在均值和中位数上分别是权力相关薪酬差距的52.39倍和52.53倍，也就是说，高管层内部的薪酬差距中，有1.86%—1.89%是由管理层权力导致的。

表5－6　　薪酬差距与企业绩效主要变量描述性统计

项目	Roe	PW	NPW	Size	Soe
平均值	0.0765	0.2456	12.8667	21.6442	0.383
中位数	0.0745	0.2376	12.4814	21.6065	0
最大值	0.8667	0.5583	16.0916	23.4513	1
最小值	－20.9477	0	6.9119	15.7294	0
标准差	0.0608	0.0919	0.7891	0.9485	0.869
变异系数	0.7948	0.3742	0.0613	0.0438	2.269

同时，对变异系数的观察可知，管理层权力相关薪酬差距的变异系数为0.3766，而权力无关薪酬差距的变异系数只有0.0613，前者是后者的6.14倍，这表明在众多上市公司样本中，管理层权力导致的薪酬差距波动很大，具有较高的不稳定性。而一旦从全部薪酬差距中分离出与权力相关的薪酬差距后，权力无关薪酬差距的波动就很小，这说明上市公司间薪酬差距的巨大差异和波动，主要是受公司核心高管手中管理层权力的影响，薪酬差距与管理层权力有密切关系。

观察企业业绩，上市公司既有净资产收益率达到0.8671的企业，也有净资产收益率为－20.9477的企业；从整体来看，净资产收益率的平均值为0.0765，中位数为0.0745，上市公司盈利能力尚可。从规模变量可知，上市公司之间的规模差异巨大。最终控制人性质的数据暗示了，经过多年的发展，随着中小板和创业板市场的推出，我国上市公司中的非国有企业在数量上已经超过国有企业。

2. 相关性检验

从主要变量的相关性检验表5-7中可以看出，上市公司的未来业绩与权力无关薪酬差距在0.01水平上显著，即随着权力无关薪酬差距的提高，公司的未来业绩会随之提高，这在一定程度上支持了锦标赛理论的成立。但观察权力相关薪酬差距与上市公司业绩之间的关系可以发现，虽然两者之间的相关系数为正，但相关程度非常低，未通过相关性检验。同时，两个不同性质的薪酬差距之间相关性较小。

表5-7　　薪酬差距与企业绩效主要变量的相关性检验

变量	Roe	PW	NPW	Size	Soe
Roe	1				
PW	0.0142	1			
NPW	0.2631***	0.0325	1		
Size	0.0952**	-0.0321	0.3743***	1	
Soe	-0.0352	-0.1736***	0.0142	0.3570***	1

注：***代表1%水平上显著，**代表5%水平上显著，*代表10%水平上显著。

观察公司规模与三个主要变量之间的相关性关系，公司规模与业绩之间存在显著的正相关关系，与权力相关薪酬差距之间存在负相关关系，与权力无关薪酬差距之间存在显著的正相关关系。规模与业绩所表现出来的相关性检验结果与我国的经济现状有密切关系：我国众多小公司多处于竞争较为激烈的产业或行业，公司很难保持较高的、稳定的业绩；而处于垄断行业的大公司可以获得一定的垄断利润。本书薪酬差距采用核心高管的平均薪酬与非核心高管平均薪酬的绝对薪酬差距进行计量，而绝对薪酬差距与该公司高管薪酬水平有密切关系，当公司高管薪酬水平较高时，绝对薪酬差距自然会提高；同时，高管薪酬水平又受公司规模的影响，大量的实证研究都发现，高管薪酬水平受公司规模的影响巨大，企业规模是高管薪酬最重要的影响因素。因此，不难得出规模较大的公司有着较高的高管整体薪酬，进而有着较大的绝对薪酬差距和权力无关薪酬差距。而规模较大的公司相对会有更加健全的公司治理，股东可能会更加致力于对管理层的监督，限制管理层权力的膨胀，这可能是公司规模与权力相关薪酬差距呈负相关关系的原因。因此，规模与三个主要变量之间的相关性检验的结果与现实情况基本一致。从相关系数检验没有发现主要变量之间存在相关性过高的情况，这表明回归模型不存在多重共线性的现象。

3. 回归结果分析

从表5－8的全样本回归结果可以看出，权力无关薪酬差距的回归检验系数为0.0271，T值为17.25，回归结果在0.01水平上显著，即权力无关薪酬差距与公司业绩之间存在显著的正相关关系，这表明随着与管理层权力无关薪酬差距的增加，公司的业绩会随之提高，回归结果支持锦标赛理论在我国上市公司成立，这与林浚清等（2003），陈震、张鸣（2006）等的研究结论基本一致。实证研究结论支持假设5－3成立。

表5－8　　　　薪酬差距与企业绩效回归结果

项目		全样本	国有企业样本	非国有企业样本
解释变量	PW	－0.0042 (－0.36)	－0.0191 (－1.04)	0.0007 (0.03)
	NPW	0.0271*** (17.25)	0.0278*** (12.62)	0.0211*** (9.05)
控制变量	Size	0.2095*** (8.12)	0.2063*** (4.49)	0.2171*** (7.42)
	Soe	－0.0158*** (－5.71)		
	Lev	－0.0235*** (－3.22)	－0.0199** (－2.35)	－0.0361*** (－3.33)
	Grow	4.68E－06 (0.79)	0.0015*** (2.95)	4.00E－06 (0.66)
	Industry, Year	控制	控制	控制
Constant		－2.635*** (－16.53)	－2.417*** (－12.69)	－3.692*** (－17.15)
调整 R^2		0.1085	0.1053	0.1046
F值		49.32	30.29	23.56

注：表中所示变量回归结果中上行为回归系数值，括号值为其T值。***、**、*分别表示估计系数在为1%、5%、10%的水平上显著，均为双尾检验。

同时，研究还发现，权力相关薪酬差距的回归系数为 -0.0042，T 值为 -0.36，回归结果为负，虽然没有通过显著性检验，但证明权力相关薪酬差距与公司业绩之间不存在显著的正相关关系，甚至可能为负。这表明随着与管理层权力相关的薪酬差距的增加，公司的业绩并不会随之发生显著提高，甚至可能会降低企业业绩。实证研究结论支持假设 5-2 成立。

回归结果表明，高管层内部的薪酬差距可以细分为权力相关薪酬差距与权力无关薪酬差距，这两种性质不同的薪酬差距形成的原因与产生的经济后果都有着巨大的差异。管理层权力的滥用导致高管层内部薪酬差距的扩大是高管自利的一种表现，它的存在并不能够对非核心高管产生必要的薪酬激励作用，甚至还会激起非核心高管的不满而产生工作懈怠的负面作用，影响公司正常的经营。在高管层内部薪酬差距中，真正能够起到激励作用的是剔除管理层权力影响之后的权力无关薪酬差距。

源于公司高管层内部薪酬差距设置带来的内部竞争，进而实现公司业绩提高的锦标赛理论在我国上市公司存在是有一定约束条件的，只有权力无关薪酬差距才能够实现激励作用，进而提高公司业绩。回归结果并不否定之前林浚清等（2003）、陈震、张鸣（2006）等实证研究的结论，之所以林浚清等（2003），陈震、张鸣（2006）等在没有区分两种薪酬差距的前提下得出薪酬差距与公司业绩之间存在显著正相关关系的结论是因为，在整个高管层内部薪酬差距中，权力相关薪酬差距在全部薪酬差距中所占比例较小，从表 5-6 的描述性统计的结果可知，权力相关薪酬差距只占全部薪酬差距的 1.86%—1.89%。因此，在未区分权力相关与权力无关薪酬差距的背景下，将两种薪酬差距混在一起进行回归，会因为权力相关薪酬差距所占比例较小，而没有使主要回归结果的符号与显著性发生改变。

公司规模的回归系数在 0.01 水平上显著为正，这表明随着公司规模的增加，公司业绩会随之提高。公司资产负债率的回归系数在 0.01 水平上显著为负，这表明随着企业财务风险的增加，公司业绩会随之降低。最终控制人性质变量的回归系数也在 0.01 水平上显著为负，这表明相对于国有企业而言，非国有企业有着相对较高的业绩。回归结果显示，公司成长性对业绩没有显著影响。回归模型的调整后 R^2 为 0.1085，F 值为 49.32，这表明模型的解释力度较好。

4. 进一步研究：区分企业性质的回归检验

我国国有企业的发展历程与现实使命，使得国企承担着许多的社会责任，成为国家实施宏观调控和执行产业政策的主要工具。国企需要兼顾经济效益与社会效益的双重目标，导致国企在某种程度上偏离股东财富最大化的经济目标，加大了高管激励与企业目标相统一的难度。同时，国有企业的政治关系与高管的非薪酬补偿，又使得国有企业高管薪酬的激励作用部分失效。这是因为，国有企业的社会责任与任务的多样性，迫使高管在非经济目标上付出努力，但在非经济目标上的努力很难获得足够的薪酬补偿，国有企业高管可能会寻求在职消费、控制权收益等薪酬之外的补偿，再加之国有企业高管的政治前途，共同导致了国有企业高管的激励方式、内容和效果比非国有企业要复杂的多。基于以上分析可知，国有企业与非国有企业在高管薪酬契约的设计上存在较大差异。因此，有理由相信，这种国企和非国企在内部薪酬差距激励机制上的差异，使得分别研究不同企业性质下薪酬差距的激励效果成为必然选择。

本书按照企业最终控制人的性质不同将全部样本分为国有企业与非国有企业，数据样本的选择来自于国泰安 CSMAR 数据库。回归模型是在模型（5-3）的基础上，剔除了企业最终控制人性质控制变量后形成的，回归结果在表 5-8 的后两列中列示。

从表 5-8 的回归结果可以看出，国有企业样本的权力相关薪酬差距回归系数为负，没有通过显著性检验；非国有企业样本的权力相关薪酬差距回归系数虽然为正，也没有通过显著性检验，这表明通过管理层权力来拉大高管层内部薪酬差距无助于公司经营业绩的提高。而权力无关薪酬差距的回归系数都为正，并且都在 0.01 水平上显著，这表明拉大国有企业或非国有企业高管层的权力无关薪酬差距都可以提高公司的经营业绩，回归结果支持锦标赛理论的成立。

将两类样本的回归系数进行比较可知，国有企业的权力无关薪酬差距系数为0.0278，是非国有企业的系数0.0211 的1.32 倍。这表明，国有企业提高权力无关薪酬差距带来的激励作用要比非国有企业更加有效。之所以出现这种实证研究结果的可能原因是，非国有企业是在市场经济的大背景下成立与发展起来的，它们高管薪酬契约的设计更加符合市场机制，薪酬差距更加合理。而国有企业从最初的计划经济体制下逐步发展过来，平均主义的思维模式还或多或少的在部分国有企业中存在，一些高管也迫于各种压力不敢拿过高的薪酬。如 2008 年中国海油年报中披露，中海油公司总经理傅成玉的收入为 1204.7 万元。对于公众与媒体对其天价薪酬的质疑，傅成玉在博鳌亚洲论坛 2009 年年会上解释说，“中海油是海外上市公司，公司治理结构与国际接轨。薪酬都是由独立董事制定，独立董事在制定薪酬标准时，除了企业考核，还要跟国际同类公司相比，如果管理层收入太低了，独立董事和投资者都不放心，认为管理层收入太低，怎么能管好投资者的钱?”但他本人拿到这笔薪水后，觉得与我国国情相差太多，就全部捐回母公司。以上分析表明，我国国有企业的历史成长背景与现实环境压力，都不可避免地导致国有企业高管的薪酬激励制度不完善，激励强度不到位，提高薪酬差距带来的激励作用会更加明显与有效。

5. 稳健性检验

为了避免由于企业绩效替代指标的单一对研究结果产生影响，本书使用下一年度的总资产收益率 Roa 和每股收益 Eps 作为企业绩效的替代变量，对模型(5－3）进行稳健性检验，得到结果如表 5－9 所示。表 5－9 显示，当企业绩效替代变量为下一年度 Roa 和 Eps 时，权力相关薪酬差距的回归系数为正，但并没有通过显著性检验，这表明高管利用管理层权力获得的权力相关薪酬差距，不会显著提高企业业绩的结论仍然成立。权力无关薪酬差距的回归系数为正，且在 0.01 水平上显著，这表明提高权力无关薪酬差距，能够对公司未来业绩起到积极的促进作用，回归结果支持了锦标赛理论的成立。

表 5－9　　薪酬差距与企业绩效稳健性检验

被解释变量		Roa	Eps
解释变量	PW	0.0042 (0.68)	0.0318 (0.62)
	NPW	0.0129*** (15.85)	0.0869*** (14.83)
控制变量	Size	0.2039*** (6.45)	0.2169*** (17.52)
	Soe	－0.0075*** (－5.87)	－0.0452*** (－4.56)
	Lev	－0.0751*** (－22.51)	－0.2431*** (－9.59)
	Grow	－5.18E－07 (－0.19)	3.58E－06* (1.67)
	Industry，Year	控制	控制

续表

被解释变量	Roa	Eps
Constant	-1.182*** (-21.39)	-0.597*** (-11.69)
调整 R^2	0.1631	0.1461
F 值	79.42	69.21

注：表中所示变量回归结果中上行为回归系数值，括号值为其 t 值。***、**、*分别表示估计系数在为 1%、5%、10% 的水平上显著，均为双尾检验。

第三节　产品市场竞争对内部薪酬差距的治理效应

在本章前两节中，规范分析了我国企业高管层内部薪酬差距形成的原因和影响因素，并利用我国上市公司公开披露的数据，实证检验了权力相关薪酬差距的存在性，以及这种薪酬差距的经济后果。研究表明，我国上市公司的核心高管会利用手中权力扩大管理层内部薪酬差距，并且这种与权力相关的薪酬差距对公司未来业绩的提升没有作用，而与核心高管能力有关系的权力无关薪酬差距会对公司未来业绩产生积极影响。本节拟引入产品市场竞争变量，考察产品市场竞争这一外部治理机制对高管层内部的薪酬差距能否起到治理效应。

一、理论分析与研究假设

基于高管能力设置薪酬差距，鼓励企业内部竞争，是企业对高管进行激励的重要手段之一。但高管能力不仅取决于高管自身积累的人力资本，还取决于股东对高管能力的评价，而评价结果的准确性，离不开良好的信息环境。在现实中，由于信息不对称的广泛存在，股东难以获取高管能力的准确信息，因而难以根据高管能力设置薪酬差距，薪酬差距往往会受到高管权力操纵的影响。产品市场竞争作为一种外部治理机制，通过降低信息不对称程度、破产威胁和声誉激励，营造了更为透明的信息环境，从而对薪酬差距的形成过程及其激励效果产生影响。

1. 信息不对称视角

产品市场竞争通过建立标杆的方式传递出公司经营绩效与高管行为的信息，降低了股东与高管之间的信息不对称。在充分竞争的市场环境中，只要将企业的利润与行业的平均利润进行比较，即可实现对高管较为准确的监督和评价（林毅夫，1997）。在竞争性的市场上，由于信息透明度的提高，高管个人能力更易于被准确甄别，能力相关薪酬差距包含的噪声较少，股东更易于接受高市场竞争度下形成的与能力相关的薪酬差距。产品市场竞争还有助于完善公司的内部晋升机制，提高对高管能力评价的准确性，使得公司内部选拔与晋升机制更加有效，提升能力相关薪酬差距的激励效率。

产品市场的充分竞争提高了公司的信息透明度，降低了股东对高管行为的监督难度，高管利用权力操纵薪酬、谋取私利的行为更易于被股东发现，且成本较高，因此，高管的自利行为会有所收敛。此外，为了规避来自股东的惩罚，高管的自利行为将更具隐蔽性，因而不易激发员工的不满情绪，对员工工作积极性的影响较小，弱化了权力相关薪酬差距对业绩的负面影响。

2. 破产威胁视角

破产威胁假说认为，激烈的产品市场竞争可能会导致企业财务失败，加大其破产或被兼并收购的风险，企业一旦因为经营管理不善而破产或被兼并收购，会传递出高管无法胜任工作的信号（Chevalier，1995）。处于激烈竞争环境中的企业，更倾向于选择能力较强的高管，使企业在激烈的市场竞争中获取经营的成功，避免破产清算。此时，设置较大的薪酬差距有助于企业遴选能力优秀的高管人员，鼓励员工积极参与晋升竞争，参与竞争的员工会更加努力工作，从而促进企业业绩的提升。

激烈的竞争催生出残酷的淘汰机制，破产威胁的存在迫使高管为了企业的生存努力工作，而主动减少利用控制权侵害股东利益的行为，权力相关薪酬差距会降低。当市场竞争导致的破产压力增大时，员工出于保住工作机会的需要，会更加努力工作，权力相关薪酬差距对员工工作积极性与企业绩效的负面影响也会有所降低。

3. 声誉激励视角

随着产品市场竞争程度的提高，高管人力资本的市场定价机制更趋完善，定价效率得到提升，经理人市场上的声誉激励也更为重要。高管层内部的薪酬差距不但是高管能力的回报与高管市场价值的体现，同时还是高管声誉传递的一种手段，较大的薪酬差距会向市场传递出高管强能力的声誉，这无疑会激励高管努力工作，也有助于鼓励员工为了获得晋升，以及晋升后的声誉而更加努力工作。

对于高管而言，经理人市场的声誉激励同时也是一种约束机制，出于职业生涯长期发展的考虑，高管会努力为自己建立良好的市场声誉，减少利用权力谋取私利、侵害股东利益的行为。声誉还取决于企业内外部的评价，为了获得良好的声誉，高管会努力与员工建立良好的关系，激发员工的工作积极性，减少自身行为对员工的负面影响。这种情况下，员工对高管自利行为的容忍度较高，权力相关薪酬差距对员工工作积极性和企业业绩的不利影响较低。

因为核心高管的个人能力无法直接测度，难以通过计算核心高管能力，来计算出能力相关薪酬差距，因此按照前面的方法，用样本公司的高管层内部薪酬差距减去权力相关薪酬差距之后得出的权力无关薪酬差距，作为能力相关薪酬差距的替代变量。

据此提出本章的假设5-4和假设5-5：

假设5-4：产品市场竞争程度越高，高管层内部的权力相关薪酬差距越小。

假设5-5：产品市场竞争程度越高，权力无关薪酬差距对业绩的促进作用越大，权力相关薪酬差距对业绩的损害作用越小。

二、研究设计

（一）产品市场竞争与权力的交乘项对薪酬差距的影响

借鉴前面的模型（5-1），在解释变量中加入了产品市场竞争变量，设计出模型（5-6），用于检验假设5-4，主要考察管理层权力与产品市场竞争程度的交叉项系数 β_2 的方向与显著性：

$$\text{Lngap} = \beta_0 + \beta_1 \text{Power} + \beta_2 \text{Power} \times \text{HHI} + \beta_3 \text{Number} + \beta_4 \text{Size} + \beta_5 \text{MI} + \sum \beta_i \text{Industry} + \sum \beta_j \text{Year} + \varepsilon \quad (5-6)$$

其中，模型（5-6）中变量的定义如下：

选取高管层内部薪酬差距作为被解释变量，以核心高管与非核心高管之间薪酬差距的自然对数（Lngap）作为被解释变量。

用管理层权力和产品市场竞争作为解释变量。其中，产品市场竞争程度用赫芬达尔指数（HHI）的倒数衡量。赫芬达尔指数是指一个行业中所有企业市场份额的平方和，其计算公式为：$HHI=\sum(xi/\sum xi)^2$。其中，xi 表示某一行业中第 i 家企业的销售额，用主营业务收入来衡量。按照 Finkelstein（1992）的权力计量模型计算各上市公司的高管层权力值。计算公式为：$Power=0.25\times position+0.25\times tenure+0.25\times edu+0.25\times own$。

控制变量包括竞争者人数（Number）、公司规模（Size）和市场化进程（MI）。其中，Number 用公司的高管、董事和监事人数的总和，减去独立董事人数和三名核心高管人数来计量；Size 用企业年末总资产的对数表示公司的规模；MI 依据中国市场化指数课题组 2016 年发布的 2014 年度中国市场化指数，对排序在前 10 名的高市场化地区赋值为 2，中间 11 名赋值为 1，最后 10 名的赋值为 0。另外，还对行业（Industry）和年度（Year）进行控制。

（二）产品市场竞争、管理层权力与公司业绩

借鉴前面的模型（5－3），在解释变量中加入了产品市场竞争变量，设计出模型（5－7），用于检验假设 5－5，主要考察权力相关薪酬差距（PW）和权力无关薪酬差距（NPW）分别与产品市场竞争程度的交叉项系数 β_2 和 β_4 的方向与显著性。

$$Roe=\beta_0+\beta_1 PW+\beta_2 NPW+\beta_3 PW\times HHI+\beta_4 NPW\times HHI+\beta_5 Size+\beta_6 Lev+\beta_7 Soe+\beta_8 Grow+\sum\beta_i Industry+\sum\beta_j Year+\varepsilon \qquad (5-7)$$

其中，模型（5－7）中变量的定义如下：

选取下年净资产收益率（Roe）作为被解释变量。

两种性质的薪酬差距，即 PW 和 NPW 为解释变量。权力相关薪酬差距和权力无关薪酬差距的取值由模型（5－4）和模型（5－5）得来，其中，β_1 是模型（5－1）中管理层权力变量的估计结果。

控制变量包括企业规模（Size）、财务杠杆（Lev）、最终控制人性质（Soe）和成长性（Grow）。其中，用企业年末总资产的对数作为企业规模（Size）；用资产负债率来计量财务杠杆；引入最终控制人性质作为控制变量，当最终控制人为国有企业时，其变量赋值为 1；否则，赋值为 0；用主营业务收入增长率衡量成长性。另外，控制了行业（Industry）和年度（Year）对研究的影响。

三、实证结果与分析

表 5－10 列示了产品市场竞争对薪酬差距影响的回归结果。结果显示，管理

层权力对高管层内部薪酬差距有显著正向影响，这与模型（5－1）的主回归结果一致。

管理者权力与产品市场竞争的交乘项显著为负，且在1%的水平上显著，与前面的分析结果一致，验证了本书的假设5－4。这一结果表明，对我国上市公司而言，产品市场竞争所形成的信息效应、破产威胁和声誉激励已经成为一种有效的外部治理机制，能够对内生于公司内部治理缺陷的高管权力形成有效的约束，抑制核心高管利用权力谋取薪酬私利的行为。

表5－10　产品市场竞争与权力的交乘项对薪酬差距影响的回归结果

被解释变量	高管层内部薪酬差距	Lngap	预期符号	回归系数	t 值
解释变量	管理层权力	Power	+	0.6962***	11.26
	产品市场竞争与权力的交乘项	HHI × Power	－	－0.252***	－4.52
控制变量	竞争者人数	Number	+	0.008**	2.36
	企业规模	Size	+	0.2123***	29.06
	市场化进程	MI	+	0.2448***	21.23
	年份、行业	Year，Industry		控制	控制
常数项		Constant		6.9052***	37.81
调整 R^2		0.2535			
F 值		168.36			

注：*** 代表1%水平上显著，** 代表5%水平上显著，* 代表10%水平上显著

表5－11的回归结果显示，权力无关薪酬差距的回归系数显著为正，表明扩大权力无关薪酬差距是可以提高企业未来业绩的；同时，权力无关薪酬差距与产品市场竞争交乘项的回归系数也显著为正，表明产品市场竞争对权力无关薪酬差距的激励效果有促进作用，充分的产品市场竞争可以提升权力无关薪酬差距对企业绩效的激励效应。

与之相对应的是，权力相关薪酬差距的回归系数没有通过显著性检验，表明权力相关薪酬差距对企业业绩没有显著影响；同时，权力相关薪酬差距与产品市场竞争交乘项的回归系数显著为负，表明产品市场竞争对权力相关薪酬差距有抑制作用，说明了随着产品市场竞争程度的提高，产品市场竞争能够显著抑制权力相关薪酬差距对业绩的侵蚀。

表 5-11 产品市场竞争、异质性薪酬差距与公司业绩的回归结果

被解释变量	高管层内部薪酬差距	Lngap	预期符号	回归系数	t 值
解释变量	权力相关薪酬差距	PW	–	-0.0038	-0.42
	产品市场竞争与权力相关薪酬差距的交乘项	HHI × PW	–	-0.0005**	-2.25
	权力无关薪酬差距	NPW	+	0.0258***	10.85
	产品市场竞争与权力无关薪酬差距的交乘项	HHI × NPW	+	0.0021**	2.28
控制变量	企业规模	Size		0.2087***	5.51
	财务杠杆	Lev		-0.0210***	-3.19
	最终控制人性质	Soe		-0.0132**	-2.33
	成长性	Grow		3.99E06	0.91
	年份、行业	Year，Industry	控制	控制	控制
常数项		Constant		0.022	0.85
调整 R^2		0.1282			
F 值		39.67			

注：*** 代表 1% 水平上显著，** 代表 5% 水平上显著，* 代表 10% 水平上显著。

四、稳健性检验

用高管层内部相对薪酬差距作为被解释变量进行回归，相对薪酬差距等于核心高管的平均薪酬除以非核心高管的平均薪酬。回归结果显示，管理层权力变量和大部分控制变量回归系数没有通过显著性检验。出现这种情况的可能原因是，上市公司的非核心高管关注的是绝对薪酬差距即竞争获胜后增加多少薪酬，而不是增加百分之几的薪酬。林浚清等（2003），陈震、张鸣（2006），黎文靖、胡玉明（2012）等均未将相对薪酬差距纳入薪酬差距与企业业绩的关系研究中，可能的原因是，这些文献同样未能发现相对薪酬差距与企业业绩之间存在显著的相关关系。

第四节　本章小结

本章以2011—2017年沪深两市A股上市公司为研究样本，基于企业高管层内部薪酬差距成因的视角，提取管理层权力这一关键变量，讨论其对薪酬差距的影响。在此基础上，将薪酬差距细分为权力无关薪酬差距和权力相关薪酬差距，分别研究两种不同性质的薪酬差距与企业业绩的关系。再进一步引入产品市场竞争这一外部治理变量，实证检验产品市场竞争对不同性质薪酬差距的治理或促进作用，以及由此所产生的经济后果。研究发现：

（1）核心高管会出于自利目的，利用手中的管理层权力增加其与非核心高管的薪酬差距，进而导致了权力相关薪酬差距的产生。

（2）薪酬差距产生的原因不同，其激励效果不同。权力无关薪酬差距与企业绩效之间存在显著的正相关关系，提高权力无关薪酬差距能够带来更好的企业业绩。并且，国有企业提高权力无关薪酬差距带来的激励作用，要比非国有企业更加有效。而由管理层权力导致的权力相关薪酬差距却无助于企业价值的提高，从这个视角看，锦标赛理论在我国上市公司中有条件成立。

（3）上市公司高管的管理层权力导致的薪酬差距波动很大，具有较高的不稳定性。而一旦将其从全部薪酬差距中分离出去后，权力无关薪酬差距的波动就很小，较为稳定。这说明上市公司间薪酬差距的差异和波动，主要是受公司核心高管手里的管理层权力影响，薪酬差距与管理层权力有密切关系。

（4）产品市场竞争对不同性质薪酬差距的形成及其经济后果有显著影响。产品市场竞争能显著降低权力相关薪酬差距，表现为产品市场竞争对权力相关薪酬差距的治理效应；同时，产品市场竞争还可以抑制权力相关薪酬差距对企业业绩的侵蚀，强化权力无关薪酬差距对企业业绩的激励作用。

第六章　主要研究结论与政策建议

第一节　研究的主要结论

高管薪酬契约对于一致化公司委托人和代理人的利益目标，降低委托—代理成本有重要作用。对于高管薪酬契约的有效性可以从高管薪酬的水平和垂直两个角度进行分析，水平薪酬主要涉及高管薪酬契约中存在哪些影响因素，以及这些因素在契约中的权重；垂直薪酬主要讨论高管层内部的薪酬差距问题。本书将产品市场竞争这一外部治理机制引入高管薪酬的研究中，以我国上市公司为样本，实证检验了产品市场竞争对高管薪酬敏感性和高管层内部薪酬差距的治理效应。本书的研究得出了以下主要结论：

一、产品市场竞争对高管薪酬敏感性的治理效应

（1）针对全部样本的研究发现，充分的产品市场竞争提高了企业高管薪酬—业绩敏感性，同时降低了薪酬—规模敏感性。一方面，充分的产品市场竞争能够通过公司业绩，向股东传递有关高管能力和努力程度的有效信息，减小了股东和高管之间的信息不对称，当业绩指标的信息含量和质量被提高后，其在薪酬契约中的重要性也会随之提升。另一方面，产品市场竞争的信息传递机制将对高管自定薪酬的行为加以约束，限制了高管通过增加自身薪酬—规模敏感性实现个人利益的可能，这使得高管薪酬—规模敏感性被抑制。

（2）针对非国有企业样本的研究发现，充分的产品市场竞争增强了高管薪酬—业绩敏感性，同时降低了薪酬—规模敏感性。说明在非国有企业中，行业

竞争相对充分，市场规律主导下的企业高管薪酬契约相对规范。激烈的产品市场竞争通过信息传递机制减小信息不对称，增加了企业业绩与高管努力程度的相关性，提升了业绩指标在高管薪酬契约中的积极作用，同时限制了规模指标在薪酬契约中的负面作用，对非国有企业高管的薪酬契约具有治理效应。

（3）针对国有企业样本的研究发现，充分的产品市场竞争增强了高管薪酬—业绩敏感性，但对薪酬—规模敏感性的约束作用不明显。这一结果表明，我国国企高管薪酬制度已经具有了业绩导向性，国企薪酬改革已初见成效，在这种背景下，产品市场竞争的治理效应对国企高管的薪酬—业绩敏感性有效。但是，由于我国国企并购重组等规模扩张行为大多是由政府主导，国企高管增加自身薪酬—规模敏感性的机会本身就很小，产品市场竞争对国企高管薪酬—规模敏感性的约束作用不显著。

二、产品市场竞争对高管层内部薪酬差距的治理效应

（1）核心高管会出于自利目的，利用手中的管理层权力增加其与非核心高管的薪酬差距，进而导致了两种不同性质的薪酬差距——权力相关薪酬差距和权力无关薪酬差距。

（2）薪酬差距产生的原因不同，其激励效果不同。权力无关薪酬差距与企业绩效之间存在显著的正相关关系，权力无关薪酬差距的增加有助于提高公司未来业绩。并且，国有企业提高与权力无关薪酬差距带来的激励作用要比非国有企业更加有效。而由管理层权力导致的权力相关薪酬差距却无助于企业价值的提高，从这个视角看，锦标赛理论在我国上市公司中有条件成立。

（3）上市公司高管的管理层权力导致的薪酬差距波动很大，具有较高的不稳定性。而一旦将其从全部薪酬差距中分离出去后，权力无关薪酬差距的波动就很小，较为稳定。这说明上市公司间薪酬差距的差异和波动，主要是受公司高管手里的管理层权力影响，薪酬差距与管理层权力有密切关系。

（4）产品市场竞争对不同性质薪酬差距的形成及其经济后果有显著影响。产品市场竞争能显著降低权力相关薪酬差距，表现为产品市场竞争对权力相关薪酬差距的治理效应；同时，产品市场竞争还可以抑制权力相关薪酬差距对业绩的侵蚀，强化权力无关薪酬差距对公司绩效的激励作用。

第二节　相关政策建议

依据前面的主要研究结论，可以从宏观政策、中观行业与微观企业三个视角，来优化我国企业的高管薪酬契约，提升薪酬契约的激励效应。

一、宏观政策的视角

1. 加强企业外部的监管，提高高管薪酬披露的透明度

政府为整顿上市公司高管薪酬的乱象，颁布了一系列法规对高管薪酬进行管制，然而薪酬管制的存在可能使高管采用更加隐蔽的方式获取超额薪酬，利用手中的管理层权力获利成为高管的重要选择。从本书研究中可以看出，核心高管会利用权力提高薪酬差距，而这种薪酬差距却无助于企业价值的提高。因此，加强企业的外部监管，使高管薪酬信息披露更加透明化，加大高管利用管理层权力进行薪酬操纵的难度。具体措施如完善强制性的高管薪酬披露制度，要求上市公司详细披露高管薪酬的评价因素、评价标准、薪酬与企业业绩的关系，并对公司高管薪酬的变化及其变化趋势给出合理解释，还需要对高管层内部薪酬差距、高管与一般员工的薪酬差距进行披露和解释。

2. 建立完善的职业经理人市场

本书研究发现，与能力相关的薪酬差距有助于实现激励效应，提高企业价值。高管能力源于高管凭借其教育背景、智慧、任职经验等形成的禀赋，高管拥有的禀赋越高，能力相关薪酬差距就应该越大，薪酬差距的激励效果就越好。建立完善的职业经理人市场，吸引更多的职业经理人成为企业核心高管的潜在人选，将利于企业核心高管的禀赋建设。2015 年中共中央、国务院下发的《关于深化国有企业改革的指导意见》中明确指出“推行职业经理人制度”，从政策上保证了我国职业经理人市场的发展。但目前，我国尚不存在完善和活跃的经理人市场，经理人市场的选拔竞争作用还较为有限，许多国企的高管选拔仍然是统一行政任命，并非市场规律主导的自由调配机制的结果。在这种情况下，优胜劣汰的市场规律无法充分发挥作用，导致一些优秀的职业经

理人职位与能力的错配。因此，应大力发展我国的职业经理人市场，加强对职业经理人的认证和考核，保证经理人市场中人才的数量和质量。此外，还应该建立起专业的经理人运营公司，从需求端和供给端共同促进了职业经理人市场的发展。

3. 完善国有企业高管的薪酬激励制度

与非国企高管的薪酬契约相比，国企高管的薪酬设计不能完全遵循市场经济的规律，如被政府实施薪酬管制的国企薪酬契约难以充分发挥其激励效应，国企高管的任命机制也忽视了通过市场进行选拔的优势，国企高管的薪酬契约相对缺乏效率。因此，国企主动调整高管薪酬契约，提高激励作用，就显得十分必要。前文分析发现，产品市场竞争对国企高管薪酬的规模敏感性治理效果不明显。这与我国大部分国企本身规模较大，其规模扩张通常并非市场规律主导的自发行为有密切关系。因此，国企在进行薪酬契约制度改革时，应当有意识地提高企业业绩权重，并适当降低高管薪酬中企业规模权重，以增加国企高管薪酬制度的激励有效性。同时，由于我国国有企业还承担着稳定就业、赈灾等社会责任，其高管的绩效考核除了应以企业业绩为导向外，也应加入非经营性指标，完善对国企高管的考核，使国企高管的薪酬契约发挥出更加有效的激励作用。

4. 完善国有企业高管的内部晋升机制

当国企行为体现政府的行政干预和多元化的社会目标时，纯粹基于企业业绩的薪酬安排，将在某种程度上无法得到推行。难以准确度量与量化的社会责任目标，必然会影响企业内部竞争机制的公平与效率。同时，国企的多层代理与高管亦官亦商的身份，使得国企成为某些高管仕途上的一块跳板。部分国企高管依靠“个人关系”“裙带关系”实现晋升的事件时有发生，“个人关系”是影响其能否在竞争中胜出的关键，使得企业不再以经营业绩作为衡量竞赛中竞争者能力的标准，这无疑使得以个人能力与经营业绩为评价标准的晋升体系失效。此时，就需要改变国企高管亦官亦商的身份，强化国企高管的职业经理人身份，使其不再成为仕途中的一环；并限制“裙带关系”在晋升中的作用，通过准确衡量国企内部竞争者的工作能力与绩效，提高其薪酬与工作绩效的密切程度，这样才有利于发挥薪酬契约在企业内部晋升机制中的激励作用，同时也有利于发挥产品市场竞争对国企高管薪酬契约的治理效应。

5. 强化对薪酬差距异常企业的外部监管

本书的描述性统计数据显示，管理层权力导致的薪酬差距波动很大，具有较高的不稳定性。上市公司间薪酬差距的巨大差异和波动，主要是受公司核心高管手中管理层权力的影响，薪酬差距与管理层权力有密切关系。因此，政府相关部门应密切关注同行业、同地区、规模相近的企业中，高管层内部薪酬差距水平异常的企业。一旦某家企业，特别是国有企业，其高管层内部薪酬差距显著高于同行业其他企业水平时，政府可以通过加强对该企业的外部监管方式，加强对该类企业的监管力度，督促其完善公司治理，限制管理层权力对薪酬差距的不利影响，降低与高管权力相关的薪酬差距。

二、中观行业的视角

1. 优化各行业的产品市场竞争环境

自改革开放以来，在转换经济体制的同时，市场经济也迎来了快速发展，市场竞争开始在各个行业逐步渗透。商事制度改革放宽了企业准入门槛，改善了市场准入环境，促进市场主体迅速增长，在一定程度上改善了我国市场竞争环境。但不同行业间的产品市场竞争程度仍有较大差别，部分垄断行业处于政府保护下，竞争程度较低，经营许可证、限额与配额制度、政府补贴等成为进入这些行业的壁垒。这需要政府进一步深化有关行业的市场化改革，处理好政府和市场的关系，建立健全准入负面清单制度，改善产品市场竞争环境，激发市场主体活力，提高相关行业的市场竞争程度，使产品市场竞争充分发挥其对高管薪酬契约的治理作用，提升薪酬契约的激励效果。

2. 产品市场竞争机制与薪酬契约激励机制并重

本书研究发现，在剔除权力相关薪酬差距后，权力无关薪酬差距会因为产品市场竞争程度的提高，呈现出对公司未来业绩更大的促进作用，即随着产品市场竞争程度的提高，权力无关薪酬差距激励作用的边际贡献率会增大，产品市场竞争与权力无关薪酬差距激励作用之间呈现出相互促进的关系。这种关系的存在，使得偏废任何一方都会降低另外一方的效率。因此，在强调公司内部薪酬激励时，要加强外部市场竞争机制的建设；在强化外部产品市场竞争时，必须同时优化公司内部的薪酬激励机制，才能使两个机制的积极作用得到最大限度地发挥和利用。

三、微观企业的视角

1. 完善企业的内部治理制度

本书研究发现，高管会利用手中的权力，提高高管薪酬—规模敏感性，扩大高管层内部薪酬差距来获取私利。这种自利行为产生的一个重要原因是，公司内部治理不健全、不完善。缺乏有效内部治理的公司，将导致管理者权力的膨胀，强权的管理者能够俘获董事会，谋取包括超额薪酬在内的个人私利。因而有必要从内部治理的多方面入手，如将董事长和CEO两职分离、提高董事会成员中独立董事的独立性、强化监事会职责等，提高公司的内部治理效率，约束管理者权力，降低权力相关薪酬差距。

2. 重视管理者能力对企业的作用

当前，从搜集到的上市公司公告中可以发现，几乎所有业绩下滑或亏损的公司都将业绩下滑和亏损归结于公司外部因素上，如原材料价格上涨导致成本上升，计提各类损失与准备导致亏损，重组延误、主营业务调整等因素，而很少有公司认为是管理层的原因。但现实中，高管的能力和努力对公司业绩起到至关重要的作用。本书研究发现，与能力相关的薪酬差距能够显著提高公司未来经营绩效，那么，从企业内部出发，在内部制度的安排上，准确评价高管能力、并在薪酬上给予足够补偿，激发其潜能和积极性，就显得格外重要。因此，可以通过在董事会的薪酬委员会中增设对高管能力评估的岗位或职责，制定更合理的能力评价制度，完善晋升机制和重视经营管理人才的引进，并给予高能力者足够的薪酬，提高能力相关薪酬差距的激励作用。

3. 规范企业高管的隐性收入和灰色收入

已有文献得出，我国社会财富分配不公并非完全是由于薪酬收入差异造成的，薪酬以外的其他因素起到推波助澜的作用。高明华等（2011）将福利费、社会保险费、住房公积金、职工教育费和其他福利费加总得到隐性薪酬，并发现虽然中石油2010年高管平均薪酬较低，但却有着较高的隐性薪酬。一些实证研究得出，薪酬管制导致高管薪酬的降低与隐性收入的增长并存，在薪酬管制的背景下，控制权收益成为一种替代性的管理层补偿方式（辛清泉、谭伟强，2009），在职消费与货币薪酬之间呈现出相互替代的关系。并且，这些控制权收益和在职消费等隐性收入，除了会产生显著的负面影响外，对公司业绩并不能带来积极作用（张力和潘青，2009）。本书研究发现，产品市场竞争对高管薪酬激励有治理效应，但当企业高管有大量的隐性收入和灰色收入时，产品市场竞争的治理效应将大打折扣，因此有必要控制企业高管隐性收入和灰色收入，这样既可以降低企业内部的收入差距，又可以强化薪酬契约的激励效果。

4. 直接提高能力相关薪酬差距，降低权力相关薪酬差距

基于能力的高管层内部薪酬差距有良好的激励效果，扩大能力相关薪酬差距是提高公司绩效的有效手段，但基于权力的高管层内部薪酬差距，除了提高企业的代理成本，对公司业绩没有帮助。因此，对于公司股东来说，从高管层内部的薪酬差距中甄别出两种不同性质的差距，就显得十分重要。股东有必要强化董事会中薪酬委员会的作用，实现对高管的能力进行科学的评估，提高薪酬差距中能力相关薪酬差距的比重，增强员工参与竞争的动力，有利于完善公司内部竞争机制；同时约束高管的权力，降低权力相关薪酬差距，从这个视角才能够真正抑制企业内部财富分配的不公平。

参考文献

[1] Adams, J. S. Inequity in Social Exchange [J]. In L. Berkowitz (Ed.), Advances in Experimental Social Psychology. New York: Acaemic Press, 1965 (2).

[2] Alchian, A., and Demsetz, H. Production, Information Costs and Economic Organization [J]. The American Economic Review, 1972 (62).

[3] Bai, C., and Xu L. Incentives for CEOS with Multitasks: Evidence from Chinese State - owned Enterprises [J]. Journal of Comparative Economics, 2005 (3).

[4] Baker, G., P., Jensen, M., C., and Murphy, K., J. Compensation and Incentives: Practice Vs. Theory [J]. The Journal of Finance, 1988 (43).

[5] Baker, G., P., and Hall, B., J. CEO Incentives and Firm Size [J]. Journal of Labor Economics, 1998 (22).

[6] Banker, R., and S. Datar. Sensitivity, Precision, and Linear Aggregation of Signals for Performance Evaluation [J]. Journal of Accounting Research, 1989, 27 (1).

[7] Baber, W. R., Janakiraman, S. N. and Kang S. H. Investment Opportunities and the Structure of Performance - based Executive Compensation [J]. Social Science Electronic Publishing, 1996, 3 (21).

[8] Baumol, W., J. Business Behavior, Value and Growth [M]. Macmillan, 1959.

[9] Bebchuk, L., Fried, J. Walker, D. Managerial Power and Rent Extraction in the Design of Executive Compensation [J]. University of Chicago Law Review, 2002 (69).

[10] Berle, A., and Means, G., C. Economics - law and Planed Business: the Modern Corporation and Private Property [J]. Public Administration, 1932 (12).

[11] Bingley, P., and Eriksson, T. Pay Spread and Skewness, Employee Ef-

fort and Firm Productivity [J]. Working Paper, 2001.

[12] Bloom, M. The Performance Effects of Pay Dispersion on Individuals and Organizations [J]. The Academy of Management Journal, 1999 (42).

[13] Bognanno, M., L. Corporate Tournaments [J]. Society of Labor Economists, 2001 (19).

[14] Boyd, B., K. Board Control and CEO Compensation [J]. Strategic Management Journal, 1994 (15).

[15] Cappelli, and Sherer, P., D. Assessing Worker Attitudes under a Two – Tier Wage Plan [J]. Industrial and Labor Relations Review, 1990 (43).

[16] Chevalier, J. Capital Structure and Product – market Competition: Empirical Evidence from the Supermarket Industry [J]. American Economic Review, 1995, 85 (3).

[17] Carpenter M. A. and Sanders W. G. Top Management Team Compensation: The Missing Link between CEO Pay and Firm Performance? [J]. Strategic Management Journal, 2002, 4 (23).

[18] Conyon, M. Corporate Governance and Executive Compensation [J]. International Journal of Industrial Organization, 1997, 15 (4).

[19] Core, J., E., Holthausen, R., W., and Larcker, D., F. Corporate Governance, Chief Executive Officer Compensation, and Firm Performance [J]. Journal of Financial Economics, 1999 (3).

[20] Core, John E., Wayne R. Guay, and David F. Larcker, . Executive Equity Compensation and Incentives: A Survey [J]. Federal Reserve Bank of New York Economic Policy Review, 2003 (9).

[21] Cosh, A. and A. Hughes. Executive Remuneration, Executive Dismissal and Institutional Shareholdings [J]. International Journal of Industrial Organization. 1997, 15 (4).

[22] Crosby, F. Relative Deprivation in Organizational Settings [J]. Research in Organizational Behavior, 1984 (6).

[23] Cuzick, J., A. Wilcoxen – Type Test for Trend [J]. Statistics in Medicine, 1985 (4) .

[24] Demsetz, H. The Structure of Ownership and the Theory of the Firm [J].

The Journal of law & economics, 1983 (26).

[25] Deutsch, M. Distributive Justice: A Social - Psychological Perspective [M]. Yale University Press, 1985.

[26] Eaton, J., and Rosen, H., S. Agency, Delayed Compensation, and the Structure of Executive Remuneration [J]. Journal of Finance, 1983 (38).

[27] Eriksson, T. Executive Compensation and Tournament Theory: Empirical Tests on Danish Data [J]. Journal of Labor Economics, 1999 (17).

[28] Fama E. F. Agency Problems and the Theory of the Firm [J]. Journal of Political Economy, 1980, 88 (2).

[29] Fama, E., F., and Jensen, M., C. Separation of Ownership and Control [J]. Journal of Law and Economics, 1983 (26).

[30] Fee C. E., and Hadlock C. J. Management Turnover Across the Corporate Hierarchy [J]. Journal of Accounting and Economics, 2004, 37 (1).

[31] Finkelstein. Power in Top Management Teams: Dimenslons, Measurement, and Validation [J]. Academy of Management Joumal, 1992 (35).

[32] Finkelstein, S., and Boyd. How Much Does the CEO matter? The Role of Managerial Discretion in the Setting of CEO Compensation [J]. Academy of Management Journal, 1998 (41).

[33] Gaver, J. J., and Gaver, K. M. Additional Evidence on the Association Between the Investment Opportunity Set and Corporate Financing, Dividend and Compensation Polices [J]. Journal of Accounting and Economics, 1993 (16).

[34] Giroud X., and Mueller H. M. Corporate Governance, Product Market Competition, and Equity prices [J]. The Journal of Finance, 2011, 66 (2).

[35] Grinstein, Y., and Hribar, P. CEO Compensation and Incentives: Evidence from M&A bonuses [J]. Journal of Financial Economics, 2004, 73 (1).

[36] Grossman, and Har. An Analysis of the Principal - Agent Problem [J]. Econometrica. 1983 (51).

[37] Grossman, S., J., and Hart, O., D. The Costs and Benefits of Ownership: A Theory of Vertical and Lateral Integration [J]. Journal of Political Economy, 1986 (94).

[38] Hallock, K. Reciprocally Interlocking Boards of Directors and Executive

Compensation [J]. Journal of Financial and Quantitative Analysis, 1997 (3).

[39] Hambrick, D., C. Environment, Strategy, and Power Within Top Management Teams [J]. Administrative Science Quarterly, 1981 (26).

[40] Haushalter, D. and Klasa, S. and Maxwell, W. F. The Influence of Product Market Dynamics on a Firms Cash Holdings and Hedging Behavior [J]. Journal of Financial Economics, 2007 (84).

[41] Holmstrom, B. Moral Hazard and Observability [J]. The Bell Journal of Economics, 1979 (10).

[42] Holmstrom B., and Milgrom P. Aggregation and Linearity in the Provision of Intertemporal Incentives [J]. Econometrica, 1987 (55).

[43] Holmstrom, B. Moral Hazard in Terms [J]. Bell Journal of Economics, 1982 (3).

[44] Jensen, M., and Meckling, W. Theory of the Firm: Managerial Behavior, Agency Cost and Ownership Structure [J]. Journal of Financial and Economics, 1976 (3).

[45] Kaplan, S. Top Executive Rewards and Firm Performance: A Comparison of Japan and United States, [J]. Journal of Political Economy, 1994 (102).

[46] Kaplan, S. Top Executive Incentives in Germany, Japan and the US: A Comparison. Working Paper, 1997.

[47] Kato, T. Chief Executive Compensation and Corporate Groups in Japan: New Evidence from Micro Data, [J]. International Journal of Industrial Organization, 1997, 15 (4).

[48] Kostiuk, P. F., 1989, Firm Size and Executive Compensation [J]. The Journal of Human Resources, 1989, 25 (1).

[49] Kroll, Simmons, Wright, P. Determinants of Chief Executive Officer Compensation Following Major Acquisitions [J]. Journal of Business Research, 1990 (20).

[50] Lambert, R. A., and D. F. Larcker. An Analysis of the Use of Accounting and Market Measures of Performance in Executive Compensation Contracts [J]. Journal of Accounting Research. 1987 (25).

[51] Lazear, E. P., and Rosen, S. Rank - Order Tournaments as Optimum

Labor Contracts [J]. The Journal of Political Economy, 1981 (89).

[52] Lee, K. W. , Lev, B, and Yeo, G. H. Executive Pay Dispersion, Corporate Governance and Firm Performance [J]. Review of Quantitative Finance and Accounting, 2008 (30).

[53] Lerner, M. , J. , and Simmons, C. , H. Observer's Reaction to the "Innocent Victim": Compassion or Rejection? [J]. Journal of Personality and Social Psychology, 1966 (4).

[54] Leonard, J. , S. Executive Pay and Firm Performance [J]. Industrial and Labor Relations Review, 1990 (43).

[55] Main, B. , G. , O'Reilly III, and Wade, J. Top Executive Pay: Tournament or Teamwork? [J]. Society of Labor Economists, 1993, (11).

[56] Marris, R, L. The Economic Theory of "Managerial" Capitalism [M]. Macmillan, 1964.

[57] Medoff, J. L, and Abraham, K. G. Experience, Performance and Earnings [J]. Quarterly Journal of Economics, 1980, (4).

[58] Mehran, H. Executive Compensation Structure, Ownership, and Firm Performance [J]. Journal of Financial Economies, 1995 (32).

[59] Meyer M A. Cooperation and Competition in Organizations: A Dynamic Perspective [J]. European Economic Review, 1995 (39).

[60] Meyer M. A. , and Vickers J. Performance Comparisons and Dynamic Incentives [J]. Journal of Political Economy, 1997, 105 (3).

[61] Milgrom, P. and Roberts, J. An Economic Approach to Influence Activities in Organizations [J]. American Journal of Sociology, 1988 (94).

[62] Mintzberg. Structure in fives: Designing Effective Organizations [M]. Englewood Cliffs, N. J. Prentice - Hall, 1983.

[63] Murphy, K. J. Corporate Performance and Managerial Remuneration: an Empirical Analysis [J]. Journal of Accounting and Economics, 1985 (7).

[64] Nickell, S. Competition and Corporate Performance [J]. Journal of Political Economy, 1996 (104).

[65] O'Reilly, B. , G, and Crystal, G. , S. CEO Compensation as Tournament and Social Comparison: A Tale of Two Theories [J]. Administrative Science

Quarterly, 1988 (33).

[66] Peng, M. and Luo, W. Managerial Ties and Firm Performance in a Transition Economy: the Nature of a Micro – macro Link [J]. Academy of Management Journal, 2000 (43).

[67] Pfeffer, J. and Davis – Blake, A. Salary Dispersion, Location in the Salary Distribution, and Turnover among College Administrators [J]. Industrial and Labor Relations Review, 1992 (45).

[68] Pfeffer, J., and Langton, N. The Effect of Wage Dispersion on Satisfaction, Productivity, and Working Collaboratively: Evidence from College and University Faculty [J]. Administrative Science Quarterly, 1993 (38).

[69] Pfeffer, J. Competitive Advantage Through People: Unleashing the Power of the Work Force [M]. Harvard Business School Press, 1994.

[70] Randøy T., and Jenssen J. I. Board Independence and Product Market Competition in Swedish Firms [J]. Corporate Governance: An International Review, 2004, 12 (3).

[71] Rosen, S. Authority, Control and the Distribution of Earnings [J]. The Bell Journal of Economics, 1982 (13).

[72] Rosen, S. Prizes and Incentives in Elimination Tournaments [J]. The American Economic Review, 1986 (76).

[73] Ross, S., A. The Pricipal's Problem [J]. American Economic Review, 1973 (62).

[74] Schmidt K. M. Managerial Incentives and Product Market Competition [J]. The Review of Economic Studies, 1997, 64 (2).

[75] Siegel, P., and Hambrick, D., C. Pay Disparities Within Top Management Groups: Evidence of Harmful Effects on Performance of High – technology Firms [J]. Organization Science, 2005 (16).

[76] Sloan R. Accounting Earnings and Top Executive Compensation [J]. Journal of Accounting and Economics, 1993 (16).

[77] Teddy, O., and Peter, L. Is it Ability or Size Alone Which Explains High Executive Pay in Large Firms? New evidence on the 'cloning' hypothesis. Working Paper, 2002.

[78] Williamson, O, E. Hirerarchical Control and Optimum Firm Size [J]. Journal of Political Economy, 1967 (75).

[79] Xianming Zhou, CEO Pay, Firm Size, and Corporate Performance: Evidence from Canada [J]. The Canadian Journal of Economics, 2000 (33).

[80] 白锋, 程德俊. 团队薪酬差距对个人和团队绩效的影响 [J]. 经济科学, 2006 (6).

[81] 蔡贵龙, 柳建华, 马新啸. 非国有股东治理与国企高管薪酬激励 [J]. 管理世界, 2018 (5).

[82] 蔡芸, 陈淑玉, 任成. 高管—员工薪酬差距对企业绩效的影响——基于沪深 A 股上市公司的面板门限回归分析 [J]. 北京工商大学学报 (社会科学版), 2019 (3).

[83] 谌新民, 刘善敏. 上市公司经营者报酬结构性差异的实证研究 [J]. 经济研究, 2003 (8).

[84] 陈冬华, 陈信元, 万华林. 国有企业中的薪酬管制与在职消费 [J]. 经济研究, 2005 (2).

[85] 陈晓珊, 刘洪铎. 混合所有制企业的民营化程度如何影响高管薪酬—业绩敏感性? [J]. 商业经济与管理, 2019 (1).

[86] 陈信元, 陈冬华, 万华林, 梁上坤. 地区差异、薪酬管制与高管腐败 [J]. 管理世界, 2009 (11).

[87] 陈震. 上市公司高管报酬理论分析与影响因素实证研究 [M]. 北京: 经济科学出版社, 2008.

[88] 陈震. 非业绩指标存在性的理论分析与实证检验 [J]. 财贸研究, 2008 (2).

[89] 陈震. 经营风险、管理层权力与企业高管层内部薪酬差距 [J]. 经济管理, 2012 (12).

[90] 陈震, 丁忠明. 2010, 高管报酬契约与心理契约互补效应研究——基于我国上市公司经验分析 [J]. 商业经济与管理, 2010 (12).

[91] 陈震, 丁忠明. 基于管理层权力理论的垄断企业高管薪酬研究 [J]. 中国工业经济, 2011 (9).

[92] 陈震, 凌云. 企业风险、产权性质和高管薪酬—业绩敏感性 [J]. 经济管理, 2013 (6).

［93］陈震，汪静．产品市场竞争、管理层权力与高管薪酬—规模敏感性［J］．中南财经政法大学学报，2014（4）．

［94］陈震，张鸣．高管层内部的级差报酬研究［J］．中国会计评论，2006（1）．

［95］陈震，张鸣．业绩指标、业绩风险与高管人员报酬的敏感性［J］．会计研究，2008（2）．

［96］杜闪，王生年．高管薪酬信息披露与薪酬业绩敏感性——基于中介效应的检验［J］．中央财经大学学报，2018（9）．

［97］杜兴强，王丽华．高层管理当局薪酬与上市公司业绩的相关性实证研究［J］．会计研究，2007（1）．

［98］杜莹，刘立国．股权结构与公司治理效率：中国上市公司的实证分析［J］．管理世界，2002（11）．

［99］樊纲，王小鲁，朱恒鹏．中国市场化指数——各地区市场化相对进程2009年报告［M］．北京：经济科学出版社，2010．

［100］方军雄．我国上市公司高管的薪酬存在粘性吗？［J］．经济研究，2009（3）．

［101］方军雄．高管权力与企业薪酬变动的非对称性［J］．经济研究，2011（4）．

［102］傅成玉：我拿太低工资独立董事不放心 http：//finance．sina．com．cn/g/20090419/10406120566．shtml．

［103］甘本佑．国有企业工资分配研究［M］．成都：西南财经大学出版社，1996．

［104］高明华等．中国上市公司高管薪酬指数报告［M］．北京：经济科学出版社，2011．

［105］龚玉池．公司绩效与高层更换［J］．经济研究，2001（10）．

［106］胡铭．上市公司高层经理与经营绩效的实证研究［J］．财贸经济，2003（4）．

［107］黄忠．产品市场竞争、研发投入与企业绩效［D］．杭州：浙江工商大学硕士学位论文，2018．

［108］姜付秀，黄磊，张敏．产品市场竞争，公司治理与代理成本［J］．世界经济，2009（10）．

[109] 金玉娜. 内部控制对高管薪酬激励的影响研究——基于薪酬能力业绩敏感性和薪酬运气业绩敏感性的视角 [J]. 现代财经（天津财经大学学报），2019 (3).

[110] 孔永祥. 上市公司的所有权与融资结构 [J]. 当代经济科学，2001 (6).

[111] 李荣融. 2007年在中组部、国资委共同举办的“增强国有企业社会责任，推进和谐社会建设”专题班上的讲话 http://cpc. people. com. cn/GB/64093/64102/5777391. html.

[112] 黎文靖，胡玉明. 国企内部薪酬差距激励了谁? [J]. 经济研究，2012 (12).

[113] 李富强，王林辉，董直庆. 国企治理新模式：多元目标、相容激励和有效委托理论及实证分析 [J]. 中国软科学，2006 (1).

[114] 李琦. 上市公司高级经理人薪酬影响因素分析 [J]. 经济科学，2003 (6).

[115] 李善民，李珩. 中国上市公司资产重组绩效研究 [J]. 管理世界，2003 (11).

[116] 李维安，邱艾超，古志辉. 双重公司治理环境、政治联系偏好与公司绩效——基于中国民营上市公司治理转型的研究 [J]. 中国工业经济，2010 (6).

[117] 李增泉. 激励机制与企业绩效 [J]. 会计研究，2000 (1).

[118] 李增泉，杨春艳. 企业绩效、控制权转移与经理人员变更：一项基于我国证券市场的实证研究 [J]. 中国会计与财务研究，2003 (4).

[119] 梁上坤，张宇，王彦超. 内部薪酬差距与公司价值——基于生命周期理论的新探索 [J]. 金融研究，2019 (4).

[120] 梁英. 产品市场竞争对高管激励效应影响的实证研究 [J]. 当代经济研究，2011 (6).

[121] 林浚清，黄祖辉，孙永祥. 高管团队内薪酬差距、公司绩效和治理结构 [J]. 经济研究，2003 (4).

[122] 林李阳. 高管内部薪酬差距，产品市场竞争与非效率投资 [D]. 杭州：浙江财经大学硕士学位论文，2018 .

[123] 林毅夫. 充分信息与国有企业改革 [J]. 中国经济信息，1997

(12).

[124] 刘春，孙亮. 薪酬差距与企业绩效：来自国企上市公司的经验证据 [J]. 南开管理评论，2010 (2).

[125] 刘凤委，孙铮，李增泉. 政府干预、行业竞争与薪酬契约——来自国有上市公司的经验证据 [J]. 管理世界，2007 (9).

[126] 刘金岩，牛建波. 产品市场竞争对经理层激励效果的影响研究 [J]. 财贸研究，2008 (3).

[127] 刘志彪，姜付秀，卢二坡. 资本结构与产品市场竞争强度 [J]. 经济研究，2003 (7).

[128] 吕长江，赵宇恒. 国有企业管理者激励效应研究——基于管理者权力的解释 [J]. 管理世界，2008 (11).

[129] 鲁海帆. 高管团队内部薪酬差距与公司业绩——基于中国上市公司的实证研究 [D]. 广州：暨南大学博士学位论文，2008.

[130] 卢锐. 管理层权力、薪酬激励与绩效：基于中国证券市场的理论与实证研究 [M]. 北京：经济科学出版社，2008.

[131] 卢锐. 企业创新投资与高管薪酬业绩敏感性 [J]. 会计研究，2014 (10).

[132] 陆正飞，王雄元，张鹏. 国有企业支付了更高的职工工资吗? [J]. 经济研究，2012 (3).

[133] 牛建波，李维安. 产品市场竞争和公司治理的交互关系研究——基于中国制造业上市公司 1998 ~ 2003 年数据的实证分析 [J]. 南大商学评论，2007 (1).

[134] 权小锋，吴世农，文芳. 管理层权力、私有收益与薪酬操纵 [J]. 经济研究，2010 (11).

[135] 宋常，黄蕾. 产品市场竞争度与公司治理效应的实证分析：基于经理人激励视角 [J]. 财经论丛，2008 (3).

[136] 孙世敏，赵希男，朱久霞. 国有企业 CEO 声誉评价体系设计 [J]. 会计研究，2006 (3).

[137] 孙永祥，黄祖辉. 上市公司的股权结构与绩效 [J]. 经济研究，1999 (12).

[138] 谭庆美，魏东一. 管理层权力与企业价值：基于产品市场竞争的视

角［J］. 管理科学，2014（3）.

［139］王东清，刘艳辉. 产品市场竞争、管理层权力与薪酬辩护［J］. 财经理论与实践，2016（4）.

［140］王华，黄之骏. 经营者股权激励、董事会组成与企业价值——基于内生性视角的经验分析［J］. 管理世界，2006（9）.

［141］魏刚. 高级管理层激励与上市公司经营绩效［J］. 经济研究，2000（3）.

［142］谢德仁. 经理人激励与股票期权［M］. 北京：中国人民大学出版社，2004.

［143］谢德仁，林乐，陈运森. 薪酬委员会独立性与更高的经理人报酬—业绩敏感度——基于薪酬辩护假说的分析和检验［J］. 管理世界，2012（1）.

［144］辛清泉，谭伟强. 市场化改革、企业业绩与国有企业经理薪酬［J］. 经济研究，2009（11）.

［145］徐晓东，陈小悦. 第一大股东对公司治理、企业业绩的影响分析［J］. 经济研究，2003（2）.

［146］许小年. 以法人机构为主体建立公司治理机制和资本市场［J］. 改革，1997（5）.

［147］徐宏忠，万小勇，连玉君. 高管薪酬行业差异的实证分析［J］. 管理评论，2012（4）.

［148］胥佚萱. 企业内部薪酬差距、经营业绩与公司治理——来自中国上市公司的经验证据［J］. 山西财经大学学报，2010（7）.

［149］薛云奎，白云霞. 国家所有权、冗余雇员与公司业绩［J］. 管理世界，2008（10）.

［150］于东智. 股权结构、治理效率与公司绩效［J］. 中国工业经济，2001（5）.

［151］于颖倩. 产品市场竞争、会计稳健性与企业过度投资研究［D］. 长沙：长沙理工大学硕士学位论文，2018 .

［152］曾湘泉. 薪酬：宏观、微观与趋势［M］. 北京：中国人民大学出版社，2006.

［153］张功富. 产品市场竞争、大股东持股与企业过度投资——来自沪深工业类上市公司的经验证据［J］. 华东经济管理，2009（7）.

［154］张力，潘青．董事会结构、在职消费与公司绩效——来自民营上市公司的经验证据［J］．经济学动态，2009（3）．

［155］张永冀，炎晓阳，张瑞君．产品市场竞争与关联方交易——基于战略转移定价理论的实证分析［J］．会计研究，2014（12）．

［156］张元智，马鸣萧．企业规模、规模经济与产业集群［J］．中国工业经济，2004（6）．

［157］张正堂，李欣．高层管理团队核心成员薪酬差距与企业绩效的关系［J］．经济管理，2007（2）．

［158］张正堂．企业内部薪酬差距对组织未来绩效影响的实证研究［J］．会计研究，2008（9）．

［159］赵乐，王琨．大股东监督、高管激励和薪酬业绩敏感度——基于股权分置改革研究［J］．投资研究，2016（12）．

［160］郑适，汪洋．中国产业集中度现状和发展趋势研究［J］．财贸经济，2007（11）．

［161］郑适．中国产业发展监测与分析报告［M］．北京：中国经济出版社，2007．

［162］郑适．中国产业发展监测与分析报告［M］．北京：中国经济出版社，2008．

［163］郑适．中国产业发展监测与分析报告［M］．北京：中国经济出版社，2009．

［164］郑适．中国产业发展监测与分析报告［M］．北京：中国经济出版社，2010．

［165］郑文力．国有企业经营者薪酬设计的思考［J］．福州大学学报（哲学社会科学版），2003（1）．

［166］周蓓蓓，曹建安，段兴民．上市公司高管相对薪酬差距与公司绩效相关性研究［J］．商业研究，2009（2）．

［167］周建波，孙菊生．经营者股权激励的治理效应研究——来自中国上市公司的经验证据［J］．经济研究，2003（5）．

［168］周卫平．国有企业重组的相关问题探讨［J］．经营管理者，2015（33）．

［169］朱红军．我国上市公司高管人员更换的现状分析［J］．管理世界，

2002 (5).

[170] 朱红军. 高级管理人员更换与经营业绩 [J]. 经济科学, 2004 (4).

[171] 朱武祥, 陈寒梅, 吴迅. 产品市场竞争与财务保守行为——以燕京啤酒为例的分析 [J]. 经济研究, 2002 (8).

[172] 朱武祥, 郭洋. 行业竞争结构、收益风险特征与资本结构 [J]. 改革, 2003 (2).